融合型·新形态教材
复旦学前云平台 fudanxueqian.com

普通高等学校学前教育专业系列教材

幼儿教师形体训练

配幕课

主　编　谢　琼

副主编　周小丹

编　委　刘　波　喻　洁　王田甜
　　　　陈庆元　刘昌锦

配套视频录制　郑敏健
配套视频音乐　陈庆元
配套视频表演　黄孟真　潘　慧
后台资料整理　林芝贤

复旦大學 出版社

内容提要

"幼儿教师形体训练"是学前教育专业的基础课，旨在培养受教育者挺拔的身姿、优雅的气质，以及从内而外散发出来的健康美。

本教材就是通过舞蹈基础练习，结合古典舞进行综合训练，塑造人们优美的体态。全书包含地面训练、扶把训练、中间训练三个单元的内容。每个单元里又设置了教案、教学视频、随堂测验、问题讨论和单元测试题。希望助益学前教育专业的师生以及幼儿教师。

本书配套的慕课视频，可手机下载APP"中国大学慕课MOOC"或电脑登录http://www.icourse163.org/中国大学MOOC网进行观看和学习，也可扫描书中二维码进行观看。

前　言

　　优美的体态、高雅的气质、积极的心态是每一个人都渴望拥有的。作为一名幼儿教师，我们的一言一行、一举一动都会成为孩子们模仿的对象，对他们产生深远的影响。正因如此，挺拔的身姿、优雅的气质，以及从内而外散发出来的健康美，对每一个幼儿教师来说都至关重要。

　　"幼儿教师形体训练"这门课，就是要通过舒展优美的舞蹈基础练习（以芭蕾舞开、绷、直为基础），结合古典舞进行综合训练，塑造人们优美的体态，培养高雅的气质，纠正生活中的不良的姿态，最终达到精神和形体的完美统一。让我们从改变自己的体态开始，做一个内在美和外在美相统一的幼儿教师，用自己的身体传递美的概念，带领孩子们一起感受美、欣赏美、创造美！

　　"幼儿教师形体训练"是学前教育专业基础课，本课程旨在培养受教育者欣赏美和创造美的能力，尤其在培养受教育者的形体美方面起着重要作用。学前教育专业入校生年龄大多为18—20岁，大部分入校前从未受过舞蹈方面的专业训练，其身体的软度、开度、柔韧性还未得到开发。针对这样基础的学生，在提高舞蹈技能方面，建议如下：

　　1. 去书店购买或者到学校图书馆查阅舞蹈书籍，提高学习兴趣，拓宽知识面。

　　2. 通过教师介绍了解国内外最新的舞蹈资讯，并在有条件的情况下，同步观看舞蹈大赛实况，如：CCTV电视舞蹈大赛、桃李杯等全国知名大赛。

　　3. 通过教师推荐了解优秀的舞剧和舞蹈作品，也可通过网络在线观看或下载喜欢的作品。

4. 学习和模仿优秀舞蹈作品。

5. 对每节课上教师布置的舞蹈作业都认真完成。

6. 及时下载教师放在网络课程中的视频学习内容，利用空余时间学习。

7. 多参加学院或班级组织的各种社会实践活动，提高组织与参与能力。

8. 对于没有舞蹈基础的同学，建议在小组长的组织下集体练习。同时每天进行体态训练，增强身体的协调性。

9. 树立终身学习的观念，不断提高自己的自学能力，在实践中与理论相结合，持续有效地增强舞蹈技能。

基于此，我们在自己擅长的能力范围内，开设了"幼儿教师形体训练"的慕课，供学前教育专业的师生观看和学习。而这本《幼儿教师形体训练》则是该慕课的同步教材，包含地面训练、扶把训练、中间训练三个单元的内容。每个单元里又设置了教案、教学视频、随堂测验、问题讨论和单元测试题。希望助益学前教育专业的师生以及幼儿教师。

编　者

2018 年 1 月

目　录

第一单元
地面训练

基本坐姿组合

教案

一、学习目标

通过基本坐姿组合练习,训练学生的后背挺拔及腿部的延伸性,从而增强腿部和后背肌群的弹性和力量,达到上半身挺拔的训练目的。

二、教学知识点

✤ 抬头挺胸:后背由尾椎骨至头顶往上拔,肩胛骨打开下压。

✤ 斜下手位:双手伸直在两旁打开45°,中指点地。

✤ 收腹:小腹向后用力,后背挺拔直立。

✤ 绷脚:双脚并拢、伸直,脚背、脚趾用力下压。

✤ 斜上手位:手、胳膊肘伸直,两手向外延伸,指尖用力。

三、教学内容

音乐:

基本坐姿组合

1=F 4/4

2 3 | 1. 6 5. 6 1. 2 | 3 0 2 0 1   6 | 5.   3 4 3 2 1 | 3 3 5 6 1   — |

1   2 3 1   6 | 5. 3 2 1 2   6 | 5.   3 4 3 2 1 | 3 0 5 6 1   — |

$\underline{2}\underline{4}$ $\underline{5}\underline{6}$ $\underline{7}\dot{1}$ $\underline{3}\underline{6}$ | 5 $\underline{4}\underline{4}\underline{5}$ $-$ | $\underline{2}\underline{3}$ $\underline{2}\underline{1}$ 2 $\underline{3.}\underline{2}$ | $\underline{1}\underline{7}$ $\underline{1}\underline{3}$ 5 $-$ |

$\underline{6}\underline{5}$ $\underline{6.}\dot{1}\underline{5}$ $\underline{3}\underline{2}$ | 1 $\underline{6.}\underline{5}\underline{5}$ $\underline{0}\underline{1}\underline{3}\underline{6}$ $5.$ $\underline{3}\underline{4}$ $\underline{3}\underline{2}\underline{1}$ | $\underline{3}\underline{3}$ $\underline{5}\underline{6}\dot{1}$ 1 $-$ |

2 3 $\dot{1}.$ $\underline{6}$ $5.$ $\underline{6}$ $1.$ $\underline{2}$ | 3 0 2 0 1 $-$ ‖

训练过程

准备姿势：面对1点，身坐，双手扶于身体两侧，后背直立。（图1-1-1）

（1）第1节

1—4　腿部保持不动，头部向后仰头。

5—8　头部回正。

图 1-1-1

（2）第2节

1—4　低头，双手交叉抱住小腿，脚尖点地。（图1-1-2）

5—8　抬头，膝盖伸直，双手至身体两旁斜下位。

图 1-1-2

（3）第3节

1—4　双手打开至旁平位，身向3点。（图1-1-3）

5—8　双手由旁平位向上移至斜上手位，身向7点。

图 1-1-3

（4）第4节

1—2　身向1点。

3—4　腿部保持不动，头部向后仰。

5—6　头部回正。

7—8　双手至斜下手位。

四、注意事项

✿ 保持上身的控制状态。

✿ 身体与地面保持垂直,并找到向上的感觉。

✿ 腿部拉长、延伸、小腹上提、双肩下压、指尖轻轻点地,找到手指延伸的感觉。

✿ 注意不要出现耸肩、憋气等现象。

五、容易出错的动作

✿ 斜上手位的手型错误。

✿ 仰头时幅度太大。

六、课后作业

同学们在掌握本节课所学的主体动作之外,还要注意基本坐姿组合的动作要点和注意事项,希望同学们课后多加练习。另外,同学们要找音乐进行创编,以便更好地掌握这个组合。

 **教学视频**

基本坐姿组合

主讲教师：谢　琼　教授

钢琴伴奏：陈庆元　讲师

学生示范：黄孟真　潘　慧

 **随堂测验**

1. 舞蹈教室共有 ＿＿ 个方位。　　　　　　　　　　　　　（　　）

　　A. 6　　　　　　　　B. 7　　　　　　　　C. 8　　　　　　　　D. 9

2. 双手伸直在两旁打开45°,中指点地,属于 ____ 手位。　　　　　　　　（　　）

    A. 斜上　　　　　　　　B. 斜下　　　　　　　　C. 旁平　　　　　　　D. 旁按

3. 下列哪一项不是基本坐姿的要求?　　　　　　　　　　　　　　　　　　（　　）

    A. 上身与地面保持垂直　　　　　　　　B. 抬头挺胸

    C. 手掌点地　　　　　　　　　　　　　D. 腿部伸直,绷脚

4. 芭蕾舞的基本脚位有 ____ 个。　　　　　　　　　　　　　　　　　　（　　）

    A. 4　　　　　　　　　B. 5　　　　　　　　C. 6　　　　　　　D. 7

 **问题讨论**

问题1:地面基本坐姿要注意些什么?

问题2:地面基本坐姿脚的用力点在哪里?

问题3:地面基本坐姿上身应该如何做?

问题4:地面基本坐姿手的位置在哪里?

第二讲

勾绷脚组合

教 案

一、学习目标

通过学习地面训练中的勾绷脚组合,训练脚部趾关节和踝关节的灵活性、柔韧性、敏感性和延伸性,为下身的肢体动作做准备,增强腿部的灵活性和协调性。

二、教学知识点

✿ 勾脚:由脚趾尖带动朝脸的方向勾起,拉动后跟腱,使脚跟离开地面。

✿ 绷脚:脚趾尖用力朝地面方向绷起,使小腿至脚趾尖形成一条延长线。

三、教学内容

音乐:

勾绷脚组合

$1=C$ $\frac{4}{4}$

| $\underline{5\ \dot{1}}$ $\underline{3\ 5}$ $\underline{4\ 2}$ $\underline{7}$ | $\dot{1}$ 5 $\dot{1}$ $\underline{5\ ^\sharp 4}$ ‖: $\underline{5\ 3}$ $\underline{3\ 3}$ $\underline{3\ \dot{1}}$ $\underline{1\ 5}$ | $^\sharp 5\ 6$ $\dot{4}$ $-$ $\underline{\dot{4}\ \dot{3}}$ |

| $\underline{\dot{4}\ 2}$ $\underline{2\ 2}$ $\underline{2\ 7}$ $\underline{7\ 4}$ | $3\ 5$ $\dot{3}$ $-$ $\underline{5\ ^\sharp 4}$ | $\underline{5\ 3}$ $\underline{3\ 3}$ $\underline{3\ \dot{1}}$ $\underline{1\ 5}$ | $^\sharp 5\ 6$ $\dot{4}$ $-$ $\underline{\dot{4}\ \dot{3}}$ |

| $\underline{\dot{4}\ 2}$ $\underline{2\ 7}$ $\underline{3\ 2}$ $\underline{2\ 7}$ | $\dot{1}$ $-$ $\underline{0\ \dot{1}}$ $\underline{7\ ^\flat 7}$ | $\underline{6\ 4}$ $\underline{4\ 4}$ $\underline{4\ 4}$ $\underline{1\ 4}$ | $\underline{4\ 3}$ $\underline{3\ 3}$ $\underline{3\ 3}$ $\underline{1\ 3}$ |

训练过程

准备姿势：后背直立，双手点地，绷脚。（图1-2-1）

（1）第1—2节

1—2　勾双脚脚趾。

3—4　勾双脚脚腕。（图1-2-2）

5—6　勾双脚脚趾。

7—8　绷脚。

重复一遍。

图1-2-1

（2）第3—4节

1—2　右单勾脚，左倾头。

3—4　左单勾脚，右倾头。

5—6　右单勾脚，左倾头。

7—8　收回绷脚，头回正。

（3）第5节

1—2　双勾脚，抬头。

3—4　双绷脚，头回正。

5—8　重复1-4。

图1-2-2

（4）第6节

1—2　双勾脚。

3—4　双勾脚打开。

5—6　绷脚。

7—8　双绷脚收回。

（5）第7节

1—2　双绷脚打开。

3—4　双勾脚。

5—6　双勾脚并拢。

7—8　绷脚。

（6）第8节

1—4　右脚勾脚,膝盖弯曲,脚跟停留在小腿
　　　中段。

5—8　膝盖伸直,绷脚。

（7）第9节

1—4　左脚勾脚,膝盖弯曲,脚跟停留在小腿
　　　中段。(图1-2-3)

5—6　膝盖伸直。

7—8　绷脚。

图 1-2-3

四、注意事项

✸ 双勾脚时,双腿膝盖伸直,双脚脚尖应最大限度地勾起,脚跟离开地面。

✸ 双绷脚时,脚尖用力压,与腿部形成一个流线型造型。

✸ 做动作时,后背要保持挺拔直立。

五、容易出错的动作

✸ 勾脚不到头。

✸ 绷脚不用力。

六、课后作业

　　同学们在掌握本节课所学的主体动作之外,还要注意勾绷脚组合的动作要点和注意事项,希望同学们课后多加练习。另外,同学们要找音乐进行创编,以便更好地掌握这个组合。

教学视频

勾绷脚组合

主讲教师：谢 琼 教授

钢琴伴奏：陈庆元 讲师

学生示范：黄孟真 潘 慧

随堂测验

1. 芭蕾舞的基本手位有 ____ 个。 （ ）

 A. 6 B. 7 C. 8 D. 9

2. 下列舞剧中不属于"三大芭蕾"的是 ____。 （ ）

 A.《睡美人》 B.《罗密欧与朱丽叶》

 C.《胡桃夹子》 D.《天鹅湖》

3. 下列哪一项不是绷脚的要求？ （ ）

 A. 脚尖用力往下压 B. 膝盖伸直

 C. 脚跟离开地面 D. 脚尖离开地面

4. 下列属于中国传统舞蹈范畴的是 ____。 （ ）

 A. 中国古典舞和爵士舞 B. 中国民间舞和中国当代舞

 C. 中国古典舞、中国民间舞和中国当代舞 D. 中国古典舞和中国民间舞

问题讨论

问题1：在做地面勾绷脚组合时要注意些什么？

问题2：地面勾绷脚组合中有哪些需要掌握的动作？

问题3：地面勾绷脚中绷脚的正确练习方法是什么？

第三讲

吸伸腿组合

教　案

一、学习目标

通过学习地面训练中的吸伸腿组合,训练学生下肢和腹部的控制能力、腿部的伸展性和控制力,以及脚背在运动中的延伸感觉,增强学生腿部肌肉的韧性。

二、教学知识点

✿ 吸腿:脚吸到另一膝盖旁,膝盖朝上,绷脚。

✿ 抬腿:脚尖带动整条腿,大腿位置保持不动。

✿ 控制下腿:脚尖向远处延伸控制,膝盖伸直,腹肌收紧,有控制地慢慢下腿回至地面。

三、教学内容

音乐:

吸伸腿组合

1=G 4/4

训练过程

准备姿势：仰卧地面，双手放于身体两侧旁平位，双绷脚。

（1）第1—2节

1—2　右脚脚尖靠近左腿经身体方向慢慢吸回，且脚经过擦地，脚背慢慢推起至绷脚状态，脚尖吸至左腿膝盖窝出。（左脚示范见图1-3-1）

3—4　由右脚脚尖带动抬腿，右腿慢慢伸直，右腿与左腿形成45°角。（左脚示范见图1-3-2）

5—8　脚尖向远处延伸，膝盖伸直，腹部收紧，慢慢下腿回至地面。

换左脚重复一遍。

图 1-3-1

（2）第3—4节

1—2　右脚脚尖靠近左腿经身体方向快速吸回，脚背快速推起至绷脚状态，脚尖吸至左腿膝盖窝出。

3—4　由右脚脚尖带动抬腿并伸直，右腿与左腿形成45°角。

5—6　大腿保持不动，右脚尖带着小腿往下走，至点地状态。

7—8　膝盖伸直。

换左脚重复一遍。

图 1-3-2

（3）第5—6节

1—2 双脚脚尖经过擦地推起至点地绷脚状态，小腿与大腿形成25°夹角。（图1—3—3）

3—4 由脚背带动抬腿，双腿快速伸直，双腿始终保持并拢，且与身体形成45°夹角。（图1—3—4）

5—8 双脚并拢，控制大腿慢慢下至地面。

重复一遍。

图1—3—3

（4）第7—8节

1—2 双脚脚尖经过擦地推起至点地绷脚状态，小腿与大腿形成25°夹角。

3—4 由脚背带动抬腿，双腿快速伸直，双腿始终保持并拢，且与身体形成45°夹角。

5—6 双脚并拢，大腿保持不动，由脚尖带着小腿往下走，至点地状态。

图1—3—4

7—8 膝盖伸直。

重复一遍。

（5）第9节

1—2 双手由旁平位移至同头顶上方，双手同肩宽。

3—4 向左翻转，面朝地面。

5—6 上身立起，曲臂，掌心贴地。

7—8 右脚、左脚交替踢起。

（6）第10节

1—2 右脚、左脚交替踢起。

3—4 双手由胸前移至同头顶上方，双手同肩宽。

5—6 向右翻转，面朝上。

7—8 双手回至旁平位。

四、注意事项

❀ 单吸腿时，脚尖绷脚沿着主力腿内侧吸腿。

✿ 训练时注意胯部紧贴地面不离地。

✿ 在做抬腿时,脚尖带动整条腿,大腿保持不动。

✿ 在做控制下腿时,脚尖向远处延伸控制,膝盖伸直。

五、容易出错的动作

✿ 单吸腿时不到位。

✿ 双吸腿时脚背没有绷。

✿ 伸腿时膝盖没有伸直。

六、课后作业

同学们在掌握本节课所学的主体动作之外,还要注意吸伸腿组合的动作要点和注意事项,希望同学们课后多加练习。另外,同学们要找音乐进行创编,以便更好地掌握这个组合。

教学视频

吸伸腿组合

主讲教师:谢 琼 教授

钢琴伴奏:陈庆元 讲师

学生示范:黄孟真 潘 慧

随堂测验

1. 古典"芭蕾"最早起源于下列哪个国家? （　　）

　　A. 法国　　　　　　B. 意大利　　　　　　C. 俄罗斯　　　　　　D. 英国

2. 下列哪一舞剧作品是根据莎士比亚同名戏剧改编的? （　　）

　　A.《仲夏夜之梦》　　　　　　　　　　B.《驯悍记》

　　C.《罗密欧与朱丽叶》　　　　　　　　D.《天鹅湖》

3. 下列哪一项不是抬腿的要求？　　　　　　　　　　　　　　（　　）

  A. 脚尖带动整条腿　　　　　　　B. 小腿朝上伸直

  C. 绷脚　　　　　　　　　　　　D. 改变大腿的位置

4.《睡美人》是 ____ 的经典舞蹈。　　　　　　　　　　　　　　（　　）

  A. 古典芭蕾　　　　　　　　　　B. 当代芭蕾

  C. 现代芭蕾　　　　　　　　　　D. 宫廷舞

 问题讨论

问题1：在做单吸腿时要注意些什么？

问题2：地面吸伸腿组合的准备动作是什么？

问题3：地面吸伸腿抬腿时的用力点在哪里？

问题4：地面吸伸腿组合的训练目的是什么？

第四讲

压腿组合

教 案

一、学习目标

通过学习地面训练中的压腿组合,增强学生腿部韧带和胯关节的拉升,训练腿部后侧肌肉的柔韧性,柔韧性练习可促进身体健康和体型完美,增强整个身体的柔韧度。

二、教学知识点

✿ 前压腿:上身往前压,使肚子尽量朝大腿贴紧,同时双腿绷脚伸直。
✿ 旁压腿:在做旁压腿时,双脚打开,脚背、膝盖朝上,双肩打开。

三、教学内容

音乐:

压腿组合

$1=\text{C} \quad \frac{4}{4}$

（简谱乐曲）

5. #45 i 0 i | i.i i.i i 0.5 6. #45 3 0 2 | i.3 #45 i 0 :‖

![trees decoration]

训练过程

准备姿势：后背直立，双手点地，绷脚。

（1）第1节
1—8　双手由旁平位慢慢举起至头顶上方。

（2）第2—3节
1—4　上身趴向前腿，双手握住足弓，保持4
　　　拍不动。（图1-4-1）
5—8　身体回正。
再重复一遍。

图1-4-1

（3）第4节
1—4　上身趴向前腿，双手握住足弓。
5—6　身体回正。
7—8　上身趴向前腿，双手握住足弓。

（4）第5节
1—2　上身趴向前腿，双手握住足弓。
3—6　身体回正。
7—8　双脚向旁打开，双手放在身前，指尖点地。

（5）第6节
1—2　双手回至旁平位。
3—4　左手伸直放至身前，右手上扬碰左脚脚尖，眼视前方。
5—6　双手回至旁平位。
7—8　右手伸直放至身前，左手上扬碰右脚脚尖，眼视前方。

（6）第7节

1—2 双手回至旁平位。

3—4 左手伸直放至身前,右手上扬碰左脚脚尖,眼视前方。

5—6 双手回至旁平位。

7—8 双脚并拢,两脚打开,脚掌相对,双手扶于双脚脚窝处。（图1-4-2）

图1-4-2

（7）第8节

1—2 身体向前压胯。

3—4 身体回正。

重复一遍。

（8）第9节

1—2 身体向前压胯。

3—4 身体回正。

5—6 双脚并拢,曲膝,脚尖点地,两手放于身体两侧斜下位。

7—8 膝盖伸直。

四、注意事项

✿ 在做前压腿时,后背要保持直立。

✿ 在做旁压腿时,肩要打开,同时膝盖要伸直,脚与膝盖要朝天花板。

✿ 在压腿时,大腿外侧尽量贴地,后背直立向前压。

五、容易出错的动作

✿ 压腿时,膝盖没有伸直。

✿ 压腿时,后背拱起。

✿ 旁压腿时,肩没有打开。

六、课后作业

同学们在掌握本节课所学的主体动作之外,还要注意压腿组合的动作要点和注意事项,希望同学们课后多加练习。另外,同学们要找音乐进行创编,以便更好地掌握这个组合。

教学视频

压腿组合

主讲教师：谢　琼　教授

钢琴伴奏：陈庆元　讲师

学生示范：黄孟真　潘　慧

随堂测验

1. 以下哪点不是前压腿的注意要点？　　　　　　　　　　　　　（　　）

　　A. 上身往前压　　　　　　　　　　B. 肚子尽量朝大腿贴紧

　　C. 后背拱起　　　　　　　　　　　D. 双腿绷脚伸直

2. 以下哪个是旁压腿时的错误动作？　　　　　　　　　　　　　（　　）

　　A. 膝盖没有伸直　　　　　　　　　B. 双脚打开

　　C. 双肩打开　　　　　　　　　　　D. 脚背、膝盖朝上

3. 以下哪个是压腿正确的动作要领？　　　　　　　　　　　　　（　　）

　　A. 膝盖没有伸直　　　　　　　　　B. 后背拱起

　　C. 肩没有打开　　　　　　　　　　D. 后背直立

4.《春江花月夜》《蛇舞》《霓裳羽衣舞》是以下哪位舞蹈家的代表作？（　　）

　　A. 戴爱莲　　　　　　　　　　　　B. 陈爱莲

　　C. 资华筠　　　　　　　　　　　　D. 舒巧

问题讨论

问题1：地面前压腿要注意些什么？

问题2：地面旁压腿要注意些什么？

问题3：地面压腿组合的训练目的是什么？

第五讲 大踢腿组合

教 案

一、学习目标

通过学习地面训练中的大踢腿组合,训练学生腿部的柔韧性,增强腿部爆发力和腰腹肌肉的控制力,掌握腿部肌肉的综合练习,包括控制力、速度、延伸感及髋关节的灵活性。

二、教学知识点

✿ 前踢腿:在做前踢腿时,绷脚,用脚背力量带动腿向上方有爆发力地踢出,落地时要轻而有控制。

✿ 旁踢腿:在做旁踢腿时,注意不要撅臀、掀胯。

✿ 后踢腿:在踢后腿时,膝盖要直,绷脚外开,用腿去找后脑勺。

三、教学内容:

音乐:

大踢腿组合

$1=G$ $\frac{2}{4}$

4 3 2 1 | 7 · 67 | 1. — | 5 5 ‖ 1 · 1 | 2 54 | 3 1 | 5 5 | 6 · 65 | 4 3 2 1 |

1 — | 7 · 22 | 2 2 | 2 3 #4 | 5 2 | 5 5 | #4 3 2 1 | 7 6 3 #4 | 5. | 5 5 |

$2\ 2\quad \underline{1765}\ |\ \underline{5}\ 1\qquad \underline{12}\ |\ \underline{33}\ 3\ \underline{4321}\ |\ 2.\qquad \underline{22}\ |\ \underline{5\ 5}\quad \underline{4321}\ |\ 21$

$\dot{7}\quad \dot{6}\qquad \underline{6\ 5}\ |\ \underline{4321}\quad \dot{7}\quad \underline{67}\ |\ |\ 1\qquad -\qquad |\ |$

训练过程

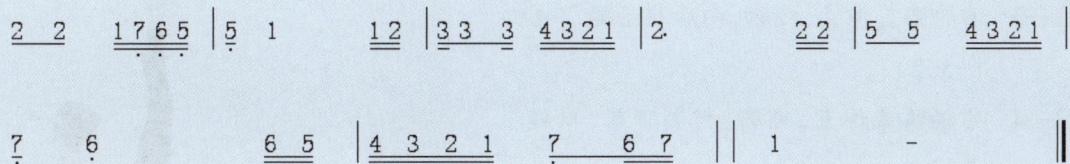

准备姿势:仰卧,绷脚,双手放于身体两侧斜下位。

图 1-5-1

（1）第1节

1—2　右脚膝盖伸直,绷脚,向上踢前腿。（左脚示范见图1-5-1）

3—4　右腿膝盖伸直,绷脚,控制下落,双腿并拢。

5—6　右脚膝盖伸直,绷脚,向上踢前腿。

7—8　右腿膝盖伸直,绷脚,控制下落,双腿并拢。

（2）第2节

1—2　右脚膝盖伸直,绷脚,向上踢前腿,并控制下落,双腿并拢。

3—8　重复1—2节。

（3）第3—4节

换左腿重复第1—2节。

（4）第5节

1—2　双手由旁平位上移至头顶上方,双手同肩宽。

3—4　身体向右翻转,面朝下。

5—6　双手曲臂置于胸前。

7—8　上身立起。

（5）第6节

1—2　右脚膝盖伸直，绷脚，向后踢后腿。（图1-5-2）

3—4　右腿膝盖伸直，绷脚，控制下落，双腿并拢。

5—6　右脚膝盖伸直，绷脚，向后踢后腿。

7—8　右腿膝盖伸直，绷脚，控制下落，双腿并拢。

图 1-5-2

（6）第7节

1—2　右脚膝盖伸直，绷脚，向后踢后腿，并控制下落，双腿并拢。

3—8　重复1—2节。

（7）第8—9节

换左腿重复第6—7节。

（8）第10节

1—2　双手置于身体上方，伸直，同肩宽。

3—4　身体向左翻转，面朝上。

5—8　双手下移至旁平位，掌心向下。

四、注意事项

❀ 在踢前腿时，脚背绷直，由踝关节内侧带动腿迅速而有力地踢起，后背紧贴住地面。

❀ 在做旁踢时腿部髋关节要转开，膝盖、脚背与肩保持一条直线。

❀ 踢后腿时绷脚转开，小腿踢起找后脑勺，控制大腿慢慢下落。

五、容易出错的动作

❀ 在做前踢腿时，膝盖没有伸直。

❀ 在做旁踢腿时，身体重心不稳。

❀ 在做后踢腿时，膝盖没有伸直。

六、课后作业

同学们在掌握本节课所学的主体动作之外，还要注意大踢腿组合的动作要点和注意事项，希望同学们课后多加练习。另外,同学们要找音乐进行创编,以便更好地掌握这个组合。

 **教学视频**

大踢腿组合

主讲教师:谢 琼 教授
钢琴伴奏:陈庆元 讲师
学生示范:黄孟真 潘 慧

 **随堂测验**

1. 以下哪个是旁踢腿的错误动作? ( )

A. 掀胯 B. 膝盖要直

C. 绷脚外开 D. 身体重心要稳

2. 膝盖要直,绷脚外开,用腿去找后脑勺是以下哪个动作的动作要领? ( )

A. 前踢腿 B. 旁踢腿 C. 后踢腿 D. 旁压腿

3. 中国第一部芭蕾舞剧是 ___ 。 ( )

A.《云南印象》 B.《红色娘子军》 C.《鱼美人》 D.《红楼梦》

4. 脚背绷直,由踝关节内侧带动腿迅速而有力地踢起,后背紧贴住地面是以下哪个动作的动作要领? ( )

A. 前压腿 B. 前踢腿 C. 旁踢腿 D. 后踢腿

问题讨论

问题1:地面大踢腿组合踢前腿时要注意些什么?
问题2:地面大踢腿组合踢旁腿时要注意些什么?
问题3:地面大踢腿组合踢后腿时要注意些什么?
问题4:地面大踢腿组合的训练目的是什么?

单元测试题

1. 地面训练组合教学包含哪几个内容,写出各组合的名称。

2. 地面基本坐姿要注意些什么?

3. 地面大踢腿组合的训练目的是什么?

4. 找四二拍子、四三拍子音乐曲目各一首。

第二单元
扶把训练

脚的练习

教案

一、学习目标

通过扶把训练中脚的练习,训练学生脚部脚趾的灵活性,提高学生身体的控制力与爆发力,增强舞蹈动作的协调性和稳定性,使动作更加稳定。

二、教学知识点

✿ 单脚半脚尖:前半脚掌踩地,后半脚掌向前推起,立到极限。

✿ 单脚绷脚尖:单脚绷脚尖是在单脚半脚尖的基础上,继续推动前半脚掌变成压脚背。

✿ 双脚半脚尖:在单脚半脚尖的基础上变成双脚半脚尖。

三、教学内容

音乐:

脚的练习

1=D 6/8

2.   2 1 6 | 5.   5 7 1 | 3.   3 2 1 | 1.   1. :‖ 5.   3 4 5. | i. | 7.   7 1 2 |

i.   1 #4 5 | 4.   3. | 2.   i. | 7.   i 7 i | 2.   2 6 5 | 5.   3 4 5. | i. |

准备姿势：双手扶把，正步位站立。（图2-1-1）

（1）第1—2节

1—4　右脚起半脚尖，膝盖弯曲，用力往前压脚背，
　　　左脚不动。

5—8　右脚脚跟落地，回到正步。

（2）第3—4节

1—4　左脚起半脚尖，膝盖弯曲，用力往前压脚背，
　　　右脚不动。（图2-1-2）

5—8　左脚脚跟落地，回到正步。

（3）第5节

1—4　身体保持不动，头由右向左转一圈。

5—8　双脚脚尖向外转开，形成一位脚，膝盖伸直。

（4）第6—7节

1—4　右脚起半脚尖，膝盖弯曲，用力往右侧推脚
　　　背，左脚不动。

5—8　右脚脚跟落地，回到一字位。

（5）第8—9节

1—4　左脚起半脚尖，膝盖弯曲，用力往左侧推脚
　　　背，右脚不动。

5—8　左脚脚跟落地，回到一字位。

图 2-1-1

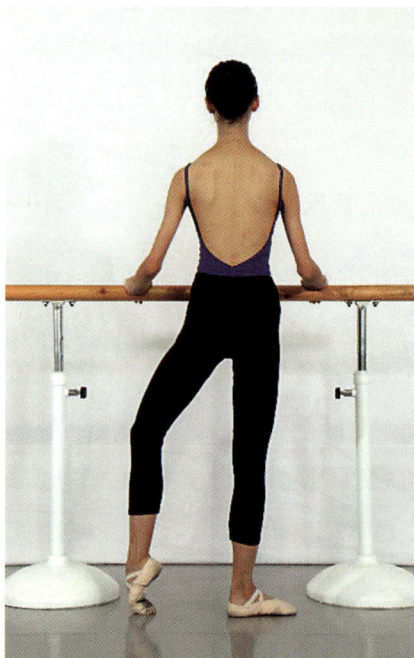

图 2-1-2

(6) 第 10 节

1—4　身体保持不动，头由左向右转一圈。

5—8　双脚脚尖向内靠拢回到正步，膝盖伸直。

四、注意事项

- 在做动作时，膝盖要对正前方，不要转开。
- 主力腿要伸直，膝盖及髋关节向上提拉。
- 立半脚尖时，脚背向前推，重心压在第二与第三脚趾中间。
- 双腿半脚尖交换时身体不能随意摆动，特别注意髋关节的稳定。

五、容易出错的动作

- 在做单脚半脚尖时，容易蒯脚。
- 在做双脚半脚尖时，膝盖方向不准确。
- 在做双脚半脚尖时，身体向前倾，重心不稳。

六、课后作业

同学们在掌握本节课所学的主体动作之外，还要注意脚的练习组合的动作要点和注意事项，希望同学们课后多加练习。另外，同学们要找音乐进行创编，以便更好地掌握这个组合。

教学视频

脚的组合

主讲教师：谢　琼　教授

钢琴伴奏：陈庆元　讲师

学生示范：黄孟真　潘　慧

随堂测验

1. 正步位单脚半脚尖是指在做动作时，____踩地，____向前推起，立到极限。　　（　　）

    A. 前半脚掌，后半脚掌　　　　　　　　　　B. 后半脚掌，前半脚掌

    C. 前半脚掌，前半脚掌　　　　　　　　　　D. 后半脚掌，后半脚掌

2. 正步位单脚绷脚尖是在 ____ 的基础上，继续推动前半脚掌变成压脚背上。　　（　　）

    A. 双脚半脚尖　　　　　　　　　　　　B. 单脚半脚尖

    C. 左脚半脚尖　　　　　　　　　　　　D. 右脚半脚尖

3. 在做 ____ 动作时，双脚前半脚掌踩地，后半脚掌向前推起，立到极限。　　（　　）

    A. 左脚半脚尖　　　　　　　　　　　　B. 右脚半脚尖

    C. 单脚半脚尖　　　　　　　　　　　　D. 双脚半脚尖

4. 两脚脚跟紧靠在一条直线上，大腿内侧向外转开，重心在两脚上（不要把重心前移放在大脚趾上），属于 ____ 位脚。　　（　　）

    A. 一　　　　　　　　B. 五　　　　　　　　C. 二　　　　　　　　D. 三

5. 脚的练习组合的音乐伴奏是 ____ 拍子。　　（　　）

    A. $\dfrac{2}{4}$　　　　　　B. $\dfrac{3}{4}$　　　　　　C. $\dfrac{4}{4}$　　　　　　D. $\dfrac{6}{8}$

问题讨论

问题1：在做双脚半脚尖时要注意些什么？

问题2：在做正步位单脚绷脚尖时要注意什么？

第二讲

蹲组合

教 案

一、学习目标

通过学习扶把训练中的蹲组合,训练学生腿部肌肉和后背的控制力,跟腱、膝关节、髋关节等部位的柔韧性和灵活性,增强跳跃的爆发力及落地的控制力。

二、教学知识点

✿ 在做下蹲动作时要把整个身体调动起来,腹部、臀部收紧、集中、向上提,后背保持直立。

✿ 一位蹲时,腿始终保持外开,双膝对准脚尖,尾椎对着脚后跟。

✿ 拍子要平均分配,不能断断续续,半蹲时不能停顿。

三、教学内容

音乐:

蹲组合

1=A 3/4

3 6 5 | 1 2 3 | 5 6̣ 7̣ | 5 - - | 6̣ 7̣ 1 | 5̣ 1 3 | 4 3 1 | 2 - - |

3 6 5 | 1 2 3 | 5 3 7̣ | 6̣ - - | 2 - 3 | 2 6̣ 7̣ | 5̣ - - | 5̲4̲ 3̲7̣̲ 5̲4̲ |

图 2-2-1

训练过程

准备姿势：双手扶把，一位脚。（图2-2-1）

（1）第1节

1—2　双腿半蹲，脚跟不动。（图2-2-2）

3—4　双腿站直，保持一位脚。

5—6　全蹲，双脚起脚跟。

7—8　双腿站直，保持一位脚。

（2）第2节

1—2　头往右后方向仰，回正。

3—4　头由右往左转一圈，回正。

5—6　右脚向旁擦地，膝盖伸直。

7—8　右脚踩地，形成二位脚。

（3）第3节

1—2　双腿半蹲，脚跟不动；双腿站直，保持二位脚。
　　　（图2-2-3）

3—4　重复。

5—8　重复。

（4）第4节

1—4　右手上扬置于左侧，下身保持不动。

5—6　右手收回。

图 2-2-2

7—8　移重心至左腿,右脚绷脚点地,收回前五
　　　位脚。

（5）第5节

1—2　双腿半蹲,脚跟不动;双腿站直,保持前五位
　　　脚。（图2-2-4）

3—4　重复。

5—6　全蹲,双脚起脚跟。

7—8　双腿站直,保持前五位脚。

图 2-2-3

（6）第6节

1—4　保持前五位脚,立脚尖。

5—6　双腿站直,保持五位脚。

7—8　旁擦地,收回后五位脚。

（7）第7节

1—2　双腿半蹲,脚跟不动;双腿站直,保持后五
　　　位脚。

3—4　重复。

5—6　全蹲,双脚起脚跟。

7—8　双腿站直,保持后五位脚。

（8）第8节

1—4　保持后五位脚,立脚尖。

5—6　双腿站直,保持五位脚。

7—8　旁擦地,收回后一位脚。

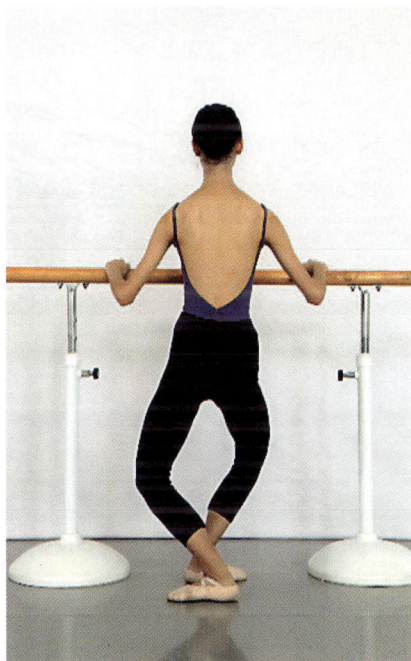

图 2-2-4

四、注意事项

❀ 在练习蹲组合时,不管是一位脚还是二位脚,都要保持上身状态,保持膝盖外开,慢蹲。

❀ 要有一个非常垂直的后背,特别是尾椎骨,一定要保持垂直,无论是蹲还是起来,身体的
重量平均分配在三个点上。

❀ 拍子要平均分配,不能断断续续,半蹲时不能停顿,蹲和起始终要连贯。

❀ 脚始终保持外开,膝盖对准脚尖,尾椎对着脚后跟。

五、容易出错的动作

✿ 在做半蹲时,尾椎部分后突。

✿ 一位脚全蹲时关胯。

✿ 二位脚全蹲时起脚跟。

六、课后作业

同学们在掌握本节课所学的主体动作之外,还要注意蹲组合的动作要点和注意事项,希望同学们课后多加练习。另外,同学们要找音乐进行创编,以便更好地掌握这个组合。

教学视频

蹲 组 合

主讲教师:谢 琼 教授

钢琴伴奏:陈庆元 讲师

学生示范:黄孟真 潘 慧

随堂测验

1. 在做 ＿＿＿ 动作时身体缓缓下蹲,有一种对抗的力量,要把整个身体调动起来,腹部、臀部收紧、集中、向上提,后背保持直立。 （ ）

   A. 下蹲　　　　B. 擦地　　　　C. 蹦跳步　　　　D. 小跳

2. ＿＿＿ 时,脚跟相对,腿始终保持外开,双膝对准脚尖,尾椎对着脚后跟。 （ ）

   A. 一位脚　　　　B. 五位脚　　　　C. 二位脚　　　　D. 三位脚

3. 在二位脚上做蹲组合时,＿＿＿ 全蹲脚跟不能离开地面,脚始终要保持外开,膝盖对准脚尖,尾椎对着脚后跟。 （ ）

   A. 头　　　　B. 双脚　　　　C. 膝盖　　　　D. 肩膀

4. 蹲组合的音乐伴奏是 ＿＿＿ 拍子。 （ ）

   A. $\frac{2}{4}$　　　　B. $\frac{3}{4}$　　　　C. $\frac{4}{4}$　　　　D. $\frac{6}{8}$

5. 双手下垂,放在身体的前面,胳膊肘与手腕成弧形,掌心相对,两手之间约一拳的距离。切记不要用手靠住大腿,是 ____。　　　　　　　　　　　　　（　　）

  A. 一位手   B. 六位手   C. 二位手   D. 八位手

问题讨论

问题1：在做蹲时体态要注意些什么？

问题2：在做蹲时后背的要求是怎样的？

第三讲

擦地组合

教案

一、学习目标

通过学习扶把训练的擦地组合,训练学生脚下的基本功和腿、胯的控制能力及稳定性,掌握擦地的动作要领,提高身体重心的稳定性和协调性。

二、教学知识点

✿ 向旁擦地时,重心由双腿移到支撑腿上,动作腿的脚掌沿着地板往旁擦,边推地板边往远伸直,脚跟、脚心、脚掌逐渐离开地,推脚背成脚尖点地,脚跟往前顶。

✿ 向旁收回时,顺序相反,脚趾、脚掌、脚心、脚跟逐渐着地,全脚收回。

✿ 往前擦地时,脚尖和脚跟在一条垂直线上。

三、教学内容

音乐:

擦地组合

$1=C$ $\frac{2}{4}$

4321 3· 7 | 1 — ‖: 1· 3 5 5 | 2· 3 4 4 | 1· 2 3· 1 | 7 — |

6· 7 1· 5 | 5· 6 7· 1 | 4321 2· 3 | 2 — | 1355 5· 3 | 2344 4· 2 |

1233 3. 2 | 7 — | 6716 1. 5 | 5671 2. 3 | 4321 3. 7 | 1 — :‖

6. 6 1765 | 4 3. 3 | 2. 2 5432 | 3 0345 | 6. 6 1765 | 4 4. 3 |

2. 2 5432 | 3 0567 | 1. 1 1. 3 | 4 4321 | 7567 7. 1 | 3 0567 |

1. 1 1765 | 4 5. 6 | 7123 4. 7 | 1 — ‖

训练过程

准备姿势：双手扶把，一位脚。

（1）第 1 节
1—2　右脚向前擦地，膝盖转开，脚尖点地。（图 2-3-1）
3—4　腿保持不动，勾脚。
5—6　脚尖点地。
7—8　收回一位脚。

（2）第 2 节
1—2　右脚向旁擦地，膝盖转开，脚尖点地。（左脚示范见图 2-3-2）
3—4　腿保持不动，勾脚。
5—6　脚尖点地。
7—8　收回一位脚。

（3）第 3—4 节
1—2　右脚向后擦地，膝盖转开，脚尖点地。（图 2-3-3）
3—4　腿保持不动，勾脚。
5—6　脚尖点地。
7—8　收回一位脚。

图 2-3-1

重复第1节。

（4）第5—8节

换左脚重复第1—4节。

（5）第9节

1—2　右脚向前擦地，膝盖转开，脚尖点地。

3—4　收回一位脚。

5—6　右脚向前擦地，膝盖转开，脚尖点地，收回一
　　　位脚。

7—8　重复5—6。

图 2-3-2

（6）第10节

1—2　右脚向旁擦地，膝盖转开，脚尖点地。

3—4　收回一位脚。

5—6　右脚向前擦地，膝盖转开，脚尖点地，收回一
　　　位脚。

7—8　重复5—6。

（7）第11—12节

1—2　右脚向后擦地，膝盖转开，脚尖点地。

3—4　收回一位脚。

5—6　右脚向前擦地，膝盖转开，脚尖点地，收回一
　　　位脚。

7—8　重复5—6。

重复第9节。

图 2-3-3

（8）第13—16节

换左脚重复第9—12节。

四、注意事项

✿ 一位脚向前擦地时，动力脚由脚跟内侧带动向前擦出，绷脚，脚尖在主力脚脚心的前方点
　地，脚尖伸向最远端。收回时，脚尖带动回成一位脚。

✿ 向旁擦地时，注意髋关节要转开，与主力脚保持一条水平横线；收回时，脚尖带动回归成
　一位脚。

✿ 向后擦地时注意,擦出的脚尖伸向最远端;收回时,靠脚跟带动擦回,站好一位。

五、容易出错的动作

✿ 一位脚向前擦地时,膝盖没有打开伸直。

✿ 一位脚向旁擦地时,脚趾没有用力,脚尖没有点地。

✿ 一位脚向后擦地时,主力腿没有伸直,动力腿关胯。

六、课后作业

　　同学们在掌握本节课所学的主体动作之外,还要注意擦地组合的动作要点和注意事项,希望同学们课后多加练习。另外,同学们要找音乐进行创编,以便更好地掌握这个组合。

教学视频

擦地组合

主讲教师:谢　琼　教授

钢琴伴奏:陈庆元　讲师

学生示范:黄孟真　潘　慧

随堂测验

1. 擦地组合的音乐伴奏是 ____ 拍子。　　　　　　　　　　　　（　　）

A. $\frac{2}{4}$　　　　B. $\frac{3}{4}$　　　　C. $\frac{4}{4}$　　　　D. $\frac{6}{8}$

2. 向旁擦地时,重心由双腿移到支撑腿上,动作腿的 ____ 沿着地板往旁擦,边推地板边往远伸直,脚跟、脚心、脚掌逐渐离开地,推脚背成脚尖点地,脚跟往前顶。（　　）

A. 脚跟　　　　B. 脚掌　　　　C. 脚心　　　　D. 脚趾

3. 向旁收回时,按 ____ 逐渐着地,全脚收回。　　　　　　　　（　　）

A. 脚趾、脚心、脚跟、脚掌　　　　　　B. 脚掌、脚心、脚跟、脚趾

C. 脚心、脚跟、脚趾、脚掌　　　　　　D. 脚趾、脚掌、脚心、脚跟

4. 往前擦地时，____ 和 ____ 跟在一条垂直线上。 　　　　　　　　(　)

    A. 脚掌、腿　　　　　　　　　　　　　　B. 脚趾、腿

    C. 动力腿脚尖、主力腿脚跟　　　　　　D. 脚掌、脚

问题讨论

问题1：擦地组合的训练目的是什么？

问题2：向旁擦地要求是怎样的？

问题3：向前擦地时，脚尖和脚跟在什么位置上？

第四讲

小踢腿组合

教 案

一、学习目标

通过学习扶把训练中的小踢腿组合,训练学生的腿部和后背肌肉的力量、速度及控制能力,同时训练脚腕的力量,为小跳做准备。

二、教学知识点

✿ 在做动作时,脚由脚尖带动,经过地面摩擦踢出。

✿ 不管是向前还是向旁、向后,后背都要保持直立。

✿ 膝盖绷脚外旋,向后踢。

三、教学内容

音乐:

小踢腿组合

$1 = F$ $\frac{2}{4}$ 欢快、跳跃地

7 2 1 5 | 4 1 4 ‖ 6 67 i 4 | 3 2 i 7 6 4 | 7 76 5675 |

6 7 i 4 | 6 67 i 4 | 3 2 i 7 6 4 | 7 76 543 | 4 5 4 |

$$\underline{\dot2\,\dot1\,2\,3}\quad\underline{4\,5\,\dot4\,3}\ |\ \underline{\dot4\,\dot1\,6\,4}\quad\underline{1\,4\,6\,4}\ |\ \underline{7\,6\,5\,6}\quad\underline{7\,5\,3\,5}\ |\ \underline{6\,4\,6\,7}\quad\underline{\dot1\,4\,\dot1\,4}\ |$$

$$\underline{\dot2\,\dot1\,2\,3}\quad\underline{4\,5\,\dot4\,3}\ |\ \underline{\dot4\,\dot1\,6\,4}\quad\underline{1\,4\,6\,4}\ |\ \underline{7\,6\,5\,4}\quad\underline{3\,4\,5\,3}\ |\ \underline{4\,6\,\dot1}\quad\dot4\qquad :\|$$

训练过程

准备姿势：面对把杆，双手扶把，一位站立。

图 2-4-1

（1）第 1 节

1—4　右脚向前小踢腿，同时向右转头。

5—6　右脚脚尖点地。

7—8　收回一位脚。

（2）第 2 节

1—4　右脚向旁小踢腿，面向一点方向。（图 2-4-1）

5—6　右脚脚尖点地。

7—8　收回一位脚。

（3）第 3 节

1—4　右脚向后小踢腿，同时向左转头。（图 2-4-2）

5—6　右脚脚尖点地。

7—8　收回一位脚。

图 2-4-2

（4）第 4 节

重复第 1 节。

（5）第 5—8 节

换左脚重复第 1—4 节。

（6）第9节

1—2　右脚向前小踢腿,同时向右转头,收回。

3—4　重复1—2。

5—6　双脚立脚跟,双腿保持直立。

7—8　放脚跟,收回一位脚。

（7）第10节

1—2　右脚向旁小踢腿,面向一点方向,收回。

3—4　重复1—2。

5—6　双脚立脚跟,双腿保持直立。

7—8　放脚跟,收回一位脚。

（8）第11节

1—2　右脚向后小踢腿,同时向左转头,收回。

3—4　重复1—2。

5—6　双脚立脚跟,双腿保持直立。

7—8　放脚跟,收回一位脚。

（9）第12节

重复第9节。

（10）第13—16节

换左脚重复第9—12节。

四、注意事项

✽ 在小踢腿时,踢出时要快速且有力,踢的高度不宜过高,动作腿与地面之间的夹角一般在离地面25°—35°之间。

✽ 无论踢腿的高度是高还是低,动作性质都是一样的,每个方向的高度也是一样的,并且后背要保持挺拔直立。

✽ 在做动作时,注意身体不要晃动,膝盖要保持外开,绷脚,做动作时要轻巧、急速、有力。

五、容易出错的动作

✽ 向旁踢腿时,脚离地面的高度过高。

✽ 向旁踢腿时脚背没有绷直。

✿ 向旁踢腿时,身体重心错误。

教学视频

小踢腿组合

主讲教师:谢　琼　教授

钢琴伴奏:陈庆元　讲师

学生示范:黄孟真　潘　慧

随堂测验

1. 在做小踢腿动作时,注意身体不要晃动,主力腿、动力腿的膝盖都要保持 ____。

                                                     (　　)

    A. 外开、勾脚　　　　　B. 外开、绷脚　　　　　C. 关胯、勾脚　　　　　D. 下腰、绷脚

2. 在做小踢腿组合时,动力腿经过地面摩擦踢出时速度要 ____。　　　　　(　　)

    A. 慢　　　　　　　　B. 快　　　　　　　　C. 停　　　　　　　　D. 平均

3. 在做小踢腿组合时不管是向前还是向旁、向后,后背都要保持 ____。　　　(　　)

    A. 左倾　　　　　　　B. 右倾　　　　　　　C. 直立　　　　　　　D. 前倾

4. 小踢腿组合中,动作腿与地面之间的夹角一般在离地面 ____—____ 之间。　(　　)

    A. 45°、55°　　　　　B. 15°、25°　　　　　C. 25°、35°　　　　　D. 35°、45°

5. 下列哪部舞蹈作品在中央电视台春节联欢晚会中表演过?　　　　　　　(　　)

    A.《千手观音》　　　　B.《行走》　　　　　C.《云南印象》　　　D.《云彩》

问题讨论

问题1:小踢腿组合的训练目的是什么?

问题2:小踢腿组合动作要求是怎样的?

问题3:在做小踢腿组合时对后背的要求是什么?

第五讲

划圈组合

教 案

一、学习目标

通过学习扶把训练中的划圈组合,训练髋关节的开度和稳定性,使脚趾、脚弓、脚掌、脚背、脚腕的柔韧性得到锻炼,同时还能增强腰背肌的控制力、动作腿和胯关节的灵活性。

二、教学知识点

✿ 腿在划圈时,动作腿在延伸的基础上,在1/4和1/2圆上进行运动。

✿ 腿在划圈时,动作腿在延伸的基础上,在1/2圆上进行运动。

✿ 在做划圈时,注意头部与脚的配合。

三、教学内容

音乐:

划圈组合

```
1=F  3/4

5  i  3 | 5  5  0 | 7. 3.  2 | 1  i  0 ‖ 3  7  1 | 4  5  0 |

4  7  6 | 5  5  0 | 5  i  3 | 4  5  0 | 4  7  6 | 5  5  0 |
```

3 7 1 | 4 5 0 | 4 7 6 | 5 5 0 | 5 1 3 | 5 5 0 |

7 3. 2 | 1 1 0 :‖ 2 3 2 | 6 - - | #1 2 5 | 7 - - |

7 1 7 | 6 - - | 3 4 3 | 2 - - | 2 3 2 | 6 - - |

#1 2 5 | 7 - - | 7 1 7 | 6 - - | 3 4 6 | 1 - - ‖

训练过程

图 2-5-1

准备姿势：一位脚站立，双手扶把。（图2-5-1）

（1）第1节

1—3　右脚向前擦地，向右转头（图2-5-2），左脚曲膝。

4—6　右脚向旁划1/4圈，头部回正（图2-5-3），左脚曲膝。

7—9　右脚向后划1/4圈，左脚膝盖伸直，向左转头。（图2-5-4）

10—12　收回一位脚，头部保持不动。

（2）第2节

1—3　右脚向后擦地，左脚曲膝，同时向左转头。

4—6　右脚向旁划1/4圈，左脚曲膝，头部回正。

7—9　右脚向前划1/4圈，左脚膝盖伸直，同时向右转头。

10—12　收回一位脚，头部保持不动。

（3）第3节

1—3　左脚向前擦地，右脚曲膝，同时向左转头。

图 2-5-2

4—6　左脚向旁划1/4圈,右脚曲膝,头部回正。

7—9　左脚向后划1/4圈,右脚膝盖伸直,同时向右转头。

10—12　收回一位脚,头部保持不动。

(4)第4节

1—3　左脚向后擦地,右脚曲膝,同时向右转头。

4—6　左脚向旁划1/4圈,右脚曲膝,头部回正。

7—9　左脚向前划1/4圈,右脚膝盖伸直,同时向右转头。

10—12　收回一位脚,头部保持不动。

(5)第5—6节
重复第1节。

(6)第7—8节
重复第2节。

(7)第9—10节
重复第3节。

(8)第11—12节
重复第4节。

图 2-5-3

图 2-5-4

四、注意事项

❁ 在支撑腿保持垂直外开的条件下,动作腿尽量划大圈,但不要出胯。

❁ 双脚内侧要有收紧的感觉。

❁ 支撑腿要非常有力地踩住地板,不要随动作腿摆动。

❁ 双腿保持绝对的外开,要从脚跟开始,用力往前顶。

五、容易出错的动作

❁ 动作腿没有往远处划大圈。

❁ 在划圈时,重心错误。

47

教学视频

划圈组合

主讲教师：谢　琼　教授
钢琴伴奏：陈庆元　讲师
学生示范：黄孟真　潘　慧

随堂测验

1. 在划圈组合中，主力腿、动力腿都要保持 ____。　　　　　　　　　　　　（　　）
   A. 开　　　　　　　　B. 关　　　　　　　　C. 正步　　　　　　　　D. 半开

2. 在做划圈组合时，____ 要非常有力地踩住地板，不要随动作腿摆动。　（　　）
   A. 支撑腿　　　　　　B. 左腿　　　　　　　C. 右腿　　　　　　　　D. 前腿

3. 在划圈组合中，主力腿在划圈时，动作腿在延伸的基础上，一般在 ____ 圆上进行运动。
   　　　　　　　　　　　　　　　　　　　　　　　　　　　　　　　　　（　　）
   A. 1/4 和 3/4　　　　B. 1/3 和 2/3　　　　C. 1/4 和 1/2　　　　D. 4/4 和 3/5

4 划圈组合主要训练髋关节的 ____。　　　　　　　　　　　　　　　　　（　　）
   A. 开度　　　　　　　B. 稳定性　　　　　　C. 弹性　　　　　　　　D. 开度和稳定性

5. 双手下垂，放在身体的前面，胳膊肘与手腕成弧形，掌心相对，两手相距约一拳的距离。
   切记不要用手靠住大腿，为 ____。　　　　　　　　　　　　　　　　　（　　）
   A. 一位手　　　　　　B. 六位手　　　　　　C. 二位手　　　　　　　D. 八位手

问题讨论

问题1：划圈组合的训练目的是什么？

问题2：划圈组合动作腿大多在什么圆上进行运动？

问题3：划圈组合的注意事项是什么？

第六讲 控制组合

教 案

一、学习目标

通过学习扶把训练中的控制组合，训练动力腿的外开和控制能力，提高支撑腿的稳定性，保持造型的完美和挺拔，为大幅度的舞蹈技能和进一步学习其他舞蹈组合打下坚实的基础。

二、教学知识点

✿ 控前腿：主力腿经向前擦地抬起90°或更高，保持姿势不动。

✿ 控旁腿：动力腿经向前擦地抬起90°或更高，保持住姿势。

✿ 动作中主力腿要开胯、提胯，不要弯膝掀臀，出胯，肩要正。

三、教学内容

音乐：

控制组合

1-G $\frac{3}{4}$ 舒缓、优美地

训练过程

准备姿势：单手扶把，一位脚，手打开成一位。预备拍第7拍打开成七位。

（1）第1节

1—2　右腿向前擦地。

3—6　右腿向上抬至与左腿成90°，保持4拍不动。（左腿示范见图2-6-1）

7—8　右腿控制下落，脚尖点地，收回成一位脚。

图2-6-1

（2）第2节

1—2　右腿向旁擦地。

3—6　右腿向上抬至与左腿成90°，保持4拍不动。（左腿示范见图2-6-2）

7—8　右腿控制下落，脚尖点地，收回成一位脚。

图2-6-2

（3）第3节

1—2　右腿向后擦地。

3—6　右腿向上抬至与左腿成90°，保持4拍不动。（左腿示范见图2-6-3）

7—8　右腿控制下落，脚尖点地，收回成一位脚。

（4）第4节

1—2　右腿向前擦地。

3—6　右腿向上抬至与左腿成90°，保持4拍
　　　不动。

7—8　右腿控制下落，脚尖点地，收回成前五
　　　位脚。

图 2-6-3

（5）第5节

1—2　头部控制向后仰，下身保持直立，眼随
　　　手的方向。

3—4　头部回正，立脚尖，向左向后转身；踩
　　　脚跟，右手扶把，左手打开成七位。

四、注意事项

✽ 向前向上抬腿时，脚跟向上端起，缓慢匀速向上，大腿内侧肌肉收紧。

✽ 在做动作时，整条腿要转开，脚背、膝盖对左右两侧，并稳定地控制住。

✽ 胯往上提，中段收紧，后背往上提。

✽ 在做动作时，膝盖伸直，绷脚伸直，脚尖向远延伸。

✽ 支撑腿站稳，膝盖伸直，保持造型的挺拔。

五、容易出错的动作

✽ 抬腿小于90°。

✽ 做动作时，两肩不平。

✽ 膝盖没有伸直。

六、课后作业

　　同学们在掌握本节课所学的主体动作之外，还要注意控制组合的动作要点和注意事项，希望同学们课后多加练习。另外，同学们要找音乐进行创编，以便更好地掌握这个组合。

教学视频

控制组合

主讲教师：刘昌锦　讲师
钢琴伴奏：陈庆元　讲师
学生示范：黄孟真　潘　慧

随堂测验

1. 控制组合的音乐是 ＿＿＿ 拍子的。　　　　　　　　　　　　　　　（　　）

    A. $\dfrac{2}{4}$　　　　　　　B. $\dfrac{3}{4}$　　　　　　　C. $\dfrac{4}{4}$　　　　　　　D. $\dfrac{6}{8}$

2. 控制组合主要训练动力腿的 ＿＿＿ 能力。　　　　　　　　　　　（　　）

    A. 外开和控制　　　B. 踢腿　　　　　C. 跳跃　　　　　D. 吸腿

3. 下列选项中，最能体现"三道弯"的舞蹈种类是 ＿＿＿ 。　　　　　（　　）

    A. 蒙族　　　　　　B. 傣族　　　　　C. 维族　　　　　D. 汉族

4. 在做控制组合动作时，要注意膝盖 ＿＿＿ ，脚尖向远延伸。　　　（　　）

    A. 伸直，勾脚伸直　　　　　　　　　B. 弯曲，绷脚弯曲

    C. 伸直，绷脚伸直　　　　　　　　　D. 弯曲，勾脚弯曲

5. 张继钢老师的舞剧代表作品是 ＿＿＿ 。　　　　　　　　　　　　（　　）

    A.《一把酸枣》　　　　　　　　　　B.《虞美人》

    C.《红色娘子军》　　　　　　　　　D.《白毛女》

问题讨论

问题1：控制组合的训练目的是什么？

问题2：在做控制组合时，向旁、向前控腿，主力腿要注意什么？

问题3：控制组合的音乐是几拍子？

第七讲

把杆大踢腿组合

教案

一、学习目标

通过学习扶把训练中的大踢腿组合,训练腿部肌肉、韧带的张弛,锻炼脚经擦地迅速抛向空中的能力,训练腿部的柔韧性,增强学生腿部爆发力和腰腹肌肉的控制力,提高腹背肌和主力腿的控制能力。

二、教学知识点

❋ 踢前腿:在做踢前腿时,绷脚,用脚背力量带动腿向上方有爆发力地踢出,落地时要轻而有控制。

❋ 踢旁腿:在做踢旁腿时,注意不要撅臀、掀胯。

三、教学内容

音乐:

把杆大踢腿组合

$\dot{6}$ 　 0 6 ｜ i 　 07 1 2 ｜ $\dot{5}$ 　 0 5 ｜ 5 　 45 67 ｜ i 　 i ：‖

训练过程

准备姿势：单手扶把，一位脚。

（1）第 1 节

1—4　不动。

5—6　右手上至二位手。

7—8　右手打开至七位手。

图 2-7-1

（2）第 2 节

1—4　右腿向前踢腿，同时向右转头；右腿
　　　点地。（图 2-7-1）

5—8　收回成一位脚。

（3）第 3 节

1—4　双腿半蹲，脚跟不动。

5—8　双腿站直，保持一位脚。

图 2-7-2

（4）第 4 节

1—4　右腿向旁踢腿，头部回正；右腿点地。
　　　（图 2-7-2）

5—8　收回成一位脚。

（5）第 5 节　同第 3 节。

（6）第 6 节

1—2　右腿向后踢腿，同时向右转头；右腿
　　　点地。（图 2-7-3）

图 2-7-3

3—4　收回成一位脚。

（7）第7节　同第3节。

（8）第8节
1—4　右腿向旁踢腿,头部回正;右腿点地。
5—8　右手至旁平位,向远延伸,眼看手的方向。

四、注意事项

✿ 在踢前腿时,脚背绷直,由踝关节内侧带动腿迅速而有力地踢起。
✿ 在踢旁腿时,腿部髋关节要转开,膝盖、脚背、肩保持一条直线。
✿ 在踢后腿时,绷脚转开,小腿踢起找后脑勺。

五、容易出错的动作

✿ 在踢前腿时,膝盖不能伸直。
✿ 在踢旁腿时,身体重心不稳。
✿ 在踢后腿时,膝盖没有伸直。

六、课后作业

同学们在掌握本节课所学的主体动作之外,还要注意大踢腿组合的动作要点和注意事项,希望同学们课后多加练习。另外,同学们要找音乐进行创编,以便更好地掌握这个组合。

教学视频

把杆大踢腿组合

主讲教师：刘昌锦　讲师
钢琴伴奏：陈庆元　讲师
学生示范：黄孟真　潘　慧

随堂测验

1. 把杆大踢腿组合的音乐是 ____ 拍子的。   (   )

   A. $\frac{2}{4}$ B. $\frac{3}{4}$ C. $\frac{4}{4}$ D. $\frac{6}{8}$

2. 杨丽萍老师表演的《雀之灵》是哪个民族的舞蹈?   (   )

   A. 藏族   B. 傣族   C. 维族   D. 汉族

3. 在把杆大踢腿组合中,做 ____ 时,绷脚转开,小腿踢起找后脑勺。   (   )

   A. 踢前腿   B. 踢旁腿   C. 踢后腿   D. 踢右腿

4. 把杆大踢腿组合的准备动作是单手扶把,____脚站立。   (   )

   A. 一位   B. 五位   C. 二位   D. 正步位

问题讨论

问题1:把杆大踢腿组合的训练目的是什么?

问题2:在把杆大踢腿组合时,向旁踢腿,主力腿要注意什么?

单元测试题

1. 创编把杆训练组合——脚的练习。

2. 在做蹲组合时,教学重点是什么?

3. 控制组合的注意事项是什么?

4. 把杆大踢腿组合的注意事项是什么?

单元测试题

第三单元

中间训练

第一讲

手位组合

教案

一、学习目标

通过中间训练部分的每个单一组合练习,增强学生身体各关节肌肉韧带的弹性和灵活性,在学习的过程中提高学生对舞蹈的兴趣和积极性,加强动作的控制与协调性,做到"松而不懈",为进一步学习其他舞蹈打下坚实的基础。

二、教学知识点

* 双山膀:手臂呈圆弧状,与肩同高,掌心对外。
* 双托掌:手臂呈圆弧状,托于头顶上方,掌心向上。
* 双按掌:手臂呈下弧状,按于胃前,与身体保持25 cm左右距离。
* 顺风旗:双手经下弧线至左手山膀,右手托掌。
* 山膀按掌:双手经下弧线,左手按掌,右手托掌。

三、教学内容

音乐:

手位组合

$$1=F \quad \frac{4}{4}$$

$\dot{1} \quad 7\dot{1}\dot{2}. \quad \dot{1} | \dot{1} \quad - \quad - \quad 0 \quad \| 3. \quad 1 \, 5 \, 1 \, 3 \, 5 | \dot{1} \quad - \quad 6 \quad - \quad |$

$$\dot{1}. \ \underline{6\ 5\ 4\ 3\ 2}\ |\ 5\ -\ -\ 0\ |\ 6\ \underline{5\ 4\ 6}\ \underline{5\ 4}\ |\ \underline{5\ 6}\ ^\#\overset{\frown}{\underline{6\ 7}}\ 7\ -\ |$$

$$\underline{3\ 4}\ ^\#\underline{4\ 5}\ 6\ \ 5\ |\ 2\ -\ 5\ -\ |\ \dot{3}.\ \ \underline{3\ \dot{2}\ \dot{1}}\ \underline{7\ 1}\ |\ 2\ -\ 7\ -\ |$$

$$\dot{1}.\ \underline{\dot{1}\ 7\ 6}\ ^\#\underline{5\ 6}\ |\ 7\ -\ \overset{\frown}{7}\ \underline{7\ 6\ 5}\ |\ 3.\ \ \underline{\dot{1}\ 5\ \dot{1}}\ \underline{3\ 5}\ |\ \dot{1}\ \ 3\ \ 6\ \ \dot{1}\ |$$

$$4\ \ \ \ \underline{3\ \ 4}\ 3\ \ \ 5\ |\ \dot{1}\ \ -\ \ -\ \ 0\ \|$$

训练过程

准备姿势：小八字步，背手。

（1）第1节

1—4 抬头，双手上抬成双山膀。（图3-1-1）

5—8 头保持不动，双手上抬成双托掌。（图3-1-2）

图3-1-1

（2）第2节

1—4 双手下移成双按掌。

5—6 双手交叉，右脚前移置于左脚前，脚尖点地。

7—8 双手由下向上打开成山膀按掌。（图3-1-3）

图3-1-2

（3）第3节

1—4 双手保持不动，立脚，转动一圈。

5—6 放脚跟，左脚向左前方迈一步，双脚成丁字步。

7—8 双手由上至下打开，置于身体两侧斜下位，眼视8点。

图3-1-3

（4）第4节

1—2　右脚迈步,双脚打开,同时双手由左向右上扬。

3—4　左手曲臂置于胸前,右手伸直向远延伸,左脚伸直点地,右脚曲膝,眼视1点方向。（图3-1-4）

5—6　左脚点地移至右前方,双手交叉。

7—8　双手由下向上打开成山膀按掌。（图3-1-5）

图 3-1-4

图 3-1-5

四、注意事项

在表演手位组合的时候,要注意舞兰花指的手型,晃手身移,欲按先提,欲左先右,眼随手动。动作要与手、眼、身、法、步结合,强调"曲与圆、动与静、刚与柔"的配合。

五、容易出错的动作

✱ 呼吸没有与动作配合,过程不连贯。

✱ 动作过程路线不清晰,要注意圆形圆线。

✱ 在做手的动作时,眼睛不随手动。

六、课后作业

同学们在掌握本节课所学的主体动作之外,还要注意手位组合的动作要点和注意事项,希望同学们课后多加练习。另外,同学们要找音乐进行创编,以便更好地掌握这个组合。

教学视频

手位组合

主讲教师：喻 洁 讲师

钢琴伴奏：陈庆元 讲师

学生示范：黄孟真 潘 慧

随堂测验

1. 双山膀是 ____ 。　　　　　　　　　　　　　　　　　　　　　　　（　　）

    A. 手臂呈圆弧状,与肩同高,掌心对外

    B. 手臂呈圆弧状,托于头顶上方,掌心向上

    C. 手臂呈下弧状,按于胃前,与身体保持25 cm左右距离

    D. 双手经下弧线至左手山膀,右手托掌

2. 《春江花月夜》是 ____ 老师作品。　　　　　　　　　　　　　　（　　）

    A. 杨丽萍　　　　　　　　　　　　　B. 贾作光

    C. 张继钢　　　　　　　　　　　　　D. 陈爱莲

3. 手位组合的音乐伴奏是 ____ 拍子。　　　　　　　　　　　　　　（　　）

    A. $\dfrac{2}{4}$ 　　　　　B. $\dfrac{3}{4}$ 　　　　　C. $\dfrac{4}{4}$ 　　　　　D. $\dfrac{6}{8}$

4. 古典舞动作要手、眼、身、法、步结合,强调 ____ 的配合。　　（　　）

    A. 曲与圆、动与静、刚与柔　　　　　B. 单一身体

    C. 曲线　　　　　　　　　　　　　　D. 跳跃

5. 双托掌是 ____ 。　　　　　　　　　　　　　　　　　　　　　　（　　）

    A. 手臂呈圆弧状,与肩同高,掌心对外

    B. 手臂呈圆弧状,托于头顶上方,掌心向上

    C. 手臂呈下弧状,按于胃前,与身体保持25 cm左右距离

    D. 双手经下弧线至左手山膀,右手托掌

问题讨论

问题1：手位组合的训练目的是什么？

问题2：在手位组合中列举五个手位名称。

第二讲

脚位组合

教 案

一、学习目标

　　本节课我们所要学习的是中间训练中的脚位组合。这个组合对脚的位置有一定的规则和要求，脚的位置准确与否，直接影响到动作的完成和舞姿，所以一定要熟练掌握每个要点，包括两脚距离、角度，身体重心和方向，以及视线方向等，为进一步学习其他舞蹈组合打下坚实的基础。

二、教学知识点

❀ 正步：身对1点，两脚靠拢，脚尖对1点，重心在两脚上。

❀ 小八字步：身对1点，两脚跟靠拢，左脚尖对8点，右脚尖对8点，重心在两脚上。

❀ 丁字步：以右腿为例，身向2点，左脚跟对准右脚心窝处，左脚尖对准8点，右脚对准2点，重心在两脚上。

❀ 弓箭步：在做右弓箭步时，注意重心在两脚上，迈出脚的大腿与地面平行，小腿垂直于地面，另一脚绷直，臀部向前顶。

三、教学内容

音乐：

脚位组合

$1=G$ $\frac{4}{4}$

$\underline{\dot{2}.} \ \ \underline{6\dot{1}} \ \ \underline{65} \ | \ 5 \ - \ - \ - \ \| \ 3 \ \underline{321} \ 2 \ | \ \underline{35} \ \underline{323} \ - \ | \ 3 \ \underline{321} \ \underline{53} \ |$

训练过程

准备姿势：丁字步，双手背手。(图3-2-1)

(1) 第1节

1—4 左脚向左前方迈一步，顺风旗手势，
    眼随手动。(图3-2-2)

5—8 收回至准备姿势。

(2) 第2节

1—4 右脚向右前方迈一步，顺风旗手势，
    眼随手动。

5—8 收回至准备姿势。

(3) 第3节

1—4 双手从身体两侧向上打开，并小碎步
    向左移动，抬头。

5—8 收回至准备姿势，低头。

(4) 第4节

1—4 双手从身体两侧向上打开，并小碎步
    向右移动，抬头。

5—8 收回至准备姿势，脚并拢。

图 3-2-1

图 3-2-2

（5）第5节

1—8　头由左向右旋转一周，身体保持不动。

（6）第6节

1—2　脚打开呈小八字步。

3—4　双脚并拢。

5—6　同1—2。

7—8　同3—4。

图 3-2-3

（7）第7节

1—4　右脚向左前方迈一步，低头，双手由下向上交叉打开，抬头。

5—8　右腿站稳，左腿曲膝绷脚，左小腿向后抬起，双手呈山膀按掌。（图3-2-3）

（8）第8节

1—4　身体保持不动，右腿伸直，脚尖点地，左腿曲膝，眼睛看1点方向。（左腿示范见图3-2-4）

5—8　保持不动。

图 3-2-4

（9）第9节

1—4　收回至准备姿势。

四、注意事项

✿ 在做脚位组合时，学生要掌握每一个脚的位置，包括正步、小八字步、丁字步、弓箭步、小碎步。

✿ 要注意脚的位置，重心一定要在两脚之间。

✿ 脚的位置是否准确，直接影响到动作的完整和舞姿，所以学生要掌握每个脚的位置。

五、容易出错的动作

✿ 小碎步，脚跟不离开地面。

✿ 小八字步，重心前倾，没有在两脚上。

✿ 弓箭步，迈出的脚没有与地面平行，重心没在两脚上。

六、课后作业

同学们在掌握本节课所学的主体动作之外,还要注意脚位练习组合的动作要点和注意事项,希望同学们课后多加练习。另外,同学们要找音乐进行创编,以便更好地掌握这个组合。

教学视频

脚位组合

主讲教师:谢 琼 教授

钢琴伴奏:陈庆元 讲师

学生示范:黄孟真 潘 慧

随堂测验

1. 正步位是 ____。 （   ）

　A. 身对1点,两脚靠拢,脚尖对1点,重心在两脚上

　B. 身对1点,两脚跟靠拢,左脚尖对8点,右脚尖对2点,重心在两脚上

　C. 两脚在一条直线上,脚跟并拢

　D. 两脚之间分开隔一脚的距离,在一条直线上

2. 小八字步是 ____。 （   ）

　A. 身对1点,两脚靠拢,脚尖对一点,重心在两脚上

　B. 身对1点,两脚跟靠拢,左脚尖对8点,右脚尖对2点,重心在两脚上

　C. 两脚在一条直线上,脚跟并拢

　D. 两脚之间分开隔一脚的距离,在一条直线上

3. 脚位组合里包含有 ____ 脚位置。 （   ）

　A. 正步 　　　　　　　　　　　B. 正步、小八字步,丁字步、弓箭步、小碎步

　C. 小八字步 　　　　　　　　　D. 小碎步

4. 脚位组合的音乐伴奏是 ____ 拍子。 （   ）

　A. $\frac{2}{4}$ 　　　　　B. $\frac{3}{4}$ 　　　　　C. $\frac{4}{4}$ 　　　　　D. $\frac{6}{8}$

5. 黄豆豆老师的成名作品是 ____。 　　　　　　　　　　　　　　　　　　（　　）

    A.《醉鼓》　　　　　　　　　　　B.《千手观音》

    C.《俏花旦》　　　　　　　　　　D.《竹影》

问题讨论

问题1：脚位组合的训练目的是什么？

问题2：在脚位组合中列举四个脚位名称。

第三讲

小跳组合

教 案

一、学习目标

通过学习中间训练中的第三节——小跳，训练膝盖的灵活性、双脚的快速绷脚推地及弹跳力，为跳跃动作做准备。

二、教学知识点

✿ 一位小跳：两脚打开形成一直线，原地推地绷脚，起跳后脚垂直于地面。

✿ 小射燕跳：双起单落，空中形成舞姿时，膝盖夹紧，绷脚，落地要稳。

三、教学内容

音乐：

小跳组合

1=C 2/4

0. 56 | i. 2 i 6 | 5 6 5 3 | 2 2 3 5 6 | i | i | i. 7 6 3 |

5 - | 6 i 6 5 3 2 | i - | 6. i 6 i | 2 i 2 3 | 5. 6 5 3 2 3 |

5 2 5 | i. 7 6 3 | 5 - | 5. 3 2 7 | 6. | 56 i. 2 i 6 |

训练过程

准备姿势：双手叉腰，一位脚。

（1）第1节

1—3　双腿半蹲，脚跟不动。（图3-3-1）

4　　一位脚跳起。（图3-3-2）

5—8　一位脚落地后站直，保持一位脚。

图3-3-1

（2）第2节

1—3　双腿半蹲，脚跟不动。

4—6　一位脚跳起2次。

7—8　双腿慢慢站直，保持一位脚。

（3）第3—4节

1—3　双腿半蹲，脚跟不动。

4—8　一位脚跳起3次。

1—6　一位脚跳起3次。

7—8　双腿站直，保持一位脚。

图3-3-2

（4）第5节

1—2　右脚向1点方向迈一步。

3—4　双脚并拢。

5—8　保持不动。

（5）第6节

1—2　上身保持不动，原地起跳，大腿夹紧，

右腿绷脚，曲膝向后踢。

3—8　重复3次1—2。

图 3-3-3

（6）第7节

1—2　身向7点，面朝8点，上身保持不动，原

地起跳，大腿夹紧，左腿绷脚，曲膝向后踢（图3-3-3）。

3—8　重复3次1—2。

（7）第8节

1—2　身向1点，面向8点，上身保持不动，原地起跳，大腿分开，右腿绷脚，曲膝，向后踢，双

手经过交叉打开。

3—8　重复3次1—2。

（8）第9节

1—2　身向7点，面向8点，上身保持不动，原地起跳，大腿分开，左腿绷脚，曲膝，向后踢，双

手经过交叉打开。

3—8　重复3次1—2。

（9）第10节

1—4　双手背手，双脚回至小八字。

四、注意事项

✽ 双脚快速推地绷脚，与上身保持直立状态。

✽ 落地要经过半脚掌再到脚跟，然后蹲，保持身体直立。

五、容易出错的动作

✽ 往上跳时上身容易前倾。

✽ 起跳时脚背没有绷直，踝关节没有推起。

六、课后作业

同学们在掌握本节课所学的主体动作之外,还要注意小跳组合的动作要点和注意事项,希望同学们课后多加练习。另外,同学们要找音乐进行创编,以便更好地掌握这个组合。

教学视频

小跳组合

主讲教师:刘 波 教授

钢琴伴奏:陈庆元 讲师

学生示范:黄孟真 潘 慧

随堂测验

1. 小跳组合的音乐伴奏是 ____ 拍子。 （ ）

   A. $\frac{2}{4}$ 　　　　B. $\frac{3}{4}$ 　　　　C. $\frac{4}{4}$ 　　　　D. $\frac{6}{8}$

2. 一位小跳是 ____。 （ ）

   A. 两脚打开形成一直线,原地推地绷脚,起跳后脚垂直于地面

   B. 双起单落,空中形成舞姿时,膝盖夹紧,绷脚,落地要稳

   C. 在正步位上跳起

   D. 小八字步上跳起

3. 小射燕跳是 ____。 （ ）

   A. 双起单落,空中形成舞姿时,膝盖夹紧,绷脚,落地要稳

   B. 两脚打开形成一直线,原地推地绷脚,起跳后脚垂直于地面

   C. 在正步位上跳起

   D. 小八字步上跳起

4. 黄豆豆老师的作品是 ____。 （ ）

   A.《秦俑魂》 　　　　　　　　B.《千手观音》

C.《俏花旦》　　　　　　　　　　D.《竹影》

5.《黄土黄》是____老师的作品。　　　　　　　　　　　　（　　）

　　A. 杨丽萍　　　　　　　　　　B. 贾作光

　　C. 张继钢　　　　　　　　　　D. 陈爱莲

问题讨论

问题1：小跳组合训练目的是什么？

问题2：教学视频中小跳组合在几个位置进行了教授？

综合表演

 教 案

一、学习目标

通过学习综合表演内容,了解综合表演是以古典声韵为基础的,其特色是表演中的手、眼、身、法、步等的紧密配合,讲究圆、柔、收、曲、伸、轻、重、缓、急等。

二、教学知识点

❀ 横移:上身在横移时,下身保持不动。
❀ 弓箭步:在做右弓箭步时,注意重心在右腿上,迈出脚的大腿与地面平行,小腿垂直于地面,另一条腿膝盖伸直,绷脚尖。

三、教学内容

音乐:

综合表演

$$1=C \quad \frac{4}{4}$$

‖: 3 35 6i i6 | 5 565 — :‖ 5 5 5 35 | 6 6 5 — |

3 235 5 32 | 1 121 — | 321 2· 3 | 5 6i 5· 3 |

训练过程

准备姿势：盘坐，手持花。（图3-4-1）

（1）第1节

1—2　双手持花向右横移，下身保持不动，上身快速向左横移。（图3-4-2）

3—4　收回至准备姿势。

5—6　双手持花向左横移，下身保持不动，上身快速向右横移。

7—8　收回至准备姿势。

（2）第2节

1—4　双手持花伸直，由左向右横移一周，至右肩前，下身保持不动，上身向左横移。

5—6　双腿伸直并拢，勾脚，双手持花，手向前伸直，身子前倾。（图3-4-3）

7—8　双脚向身体两侧打开，双手持花向上举起，抬头。

（3）第3节

1—2　双手持花，曲臂，向前躺地，双腿并拢，绷脚。

3—6　大腿保持不动，左右脚交替踢脚，同时左右倾头。（图3-4-4）

7—8　身体向右，转身站立。

图 3-4-1

图 3-4-2

图 3-4-3

（4）第4节

1—2　立脚尖，双手持花伸直至左前方，眼睛看手的方向。

3—4　双手打开成双膀按掌，双脚成弓箭步姿势。

图 3-4-4

（5）第5节

1—4　上身保持不动，右腿站稳曲膝，左腿曲膝，小腿向后抬起，绷脚尖。

5—6　小碎步向左向后绕一圈，左手曲臂至胸前，右手伸直至斜下手位。

7—8　脚尖并拢，双手持花至三位。

（6）第6节

1　脚往右前方跳，双脚并拢；双手持花至左肩前。

2　脚往左前方跳，双脚并拢；双手持花至右肩前。

图 3-4-5

3—4　上身保持不动，左腿脚尖吸脚至右腿小腿中段，膝盖伸直。（图3-4-5）

5—6　勾脚，向右前方迈一步，双脚并拢。

7—8　身体向上跳起。

（7）第7节

1—2　小碎步向左向后绕一圈，左手曲臂至胸前，右手伸直至斜下手位。

图 3-4-6

3—4　右腿曲膝，与地面成90°，左腿曲膝，小腿着地，与地面成90°。

5—6　下身保持不动，双手向身体两旁打开至斜上手位。（图3-4-6）

7—8　双手收回，持花至胸前。

（8）第8节

1—4　下身保持不动，双手向身体两旁打开至斜上手位。

5—8　双手收回，持花至胸前，跪坐。

四、注意事项

✿ 在做动作时后背挺直,抬起的手与胸保持一拳的距离。

✿ 在做横叉时,膝盖伸直。

✿ 在做弓箭步时,注意重心在一条腿上,迈出脚的大腿与地面平行,小腿垂直于地面,另一腿膝盖伸直,绷脚背。

五、容易出错的动作

✿ 上身横移时,下身跟着动。

✿ 横叉时没有勾脚。

✿ 双手向后向上划手时,头部没有控制住。

六、课后作业

同学们在掌握本节课所学的主体动作之外,还要注意综合表演的动作要点和注意事项,希望同学们课后多加练习。另外,同学们要找音乐进行创编,以便更好地掌握这个组合。

教学视频

综合表演

主讲教师:王甜甜　讲师

钢琴伴奏:陈庆元　讲师

学生示范:黄孟真　潘　慧

随堂测验

1. 古典舞讲究 ____。　　　　　　　　　　　　　　　　　　　(　　)

A. 圆、柔、收、曲、伸、轻、重、缓、急等

B.下腰、绷脚

C.挺拔、直立

D.外开、绷脚

2.古典舞动作要手、眼、身、法、步结合,强调 ＿＿＿ 的配合。　　　　　　（　　）

    A.曲与圆、动与静、刚与柔　　　　　　B.单一身体

    C.曲线　　　　　　　　　　　　　　　D.跳跃

3.综合表演组合的音乐伴奏是 ＿＿＿ 拍子。　　　　　　　　　　　　　　（　　）

    A.$\dfrac{2}{4}$　　　　B.$\dfrac{3}{4}$　　　　C.$\dfrac{4}{4}$　　　　D.$\dfrac{6}{8}$

4.＿＿＿ 这部舞蹈作品在中央电视台春节联欢晚会中表演过。　　　　　　（　　）

    A.《两棵树》　　　　　　　　　　　　B.《行走》

    C.《云南印象》　　　　　　　　　　　D.《云彩》

5.弓箭步是 ＿＿＿ 。　　　　　　　　　　　　　　　　　　　　　　　　（　　）

    A.身对1点,两脚靠拢,脚尖对1点,重心在两脚上

    B.注意重心在右腿上,迈出脚的大腿与地面平行,小腿垂直于地面,另一条腿膝盖伸直,绷脚尖

    C.两脚在一条直线上,脚跟并拢

    D.两脚之间分开隔一脚的距离,在一条直线上

问题讨论

问题1:综合表演训练的目的是什么?

问题2:综合表演中示范者的道具是什么?

单元测试题

1. 找三个曲目,分别是 $\frac{2}{4}$、$\frac{3}{4}$、$\frac{4}{4}$ 拍。

2. 创作一个原创舞目,时间在2—3分钟。

3. 记录原创舞目的动作名称及教学重点、训练目的。

单元测试题

中国大学MOOC（慕课）《幼儿教师形体训练》学习指南（手机版）

1. 进入浏览器、百度或手机软件商店搜索"中国大学MOOC（慕课）"，点击下载。

2. 打开已经下载好的"中国大学MOOC（慕课）"，点击右下角"账号"，进行注册登录。

3. 登录后，进入首页搜索"幼儿教师形体训练"，点击"立即参加"即可。

4. 进入课程后，可以进行学习资源的下载以及考核。

中国大学MOOC（慕课）《幼儿教师形体训练》学习指南（电脑版）

1. 输入网址"http://www.icourse163.org/"或者搜索"中国大学MOCC"，进入中国大学慕课课程首页，然后进行登录/注册（可使用网易邮箱、爱课程网账号、第三方账号登录/注册）。

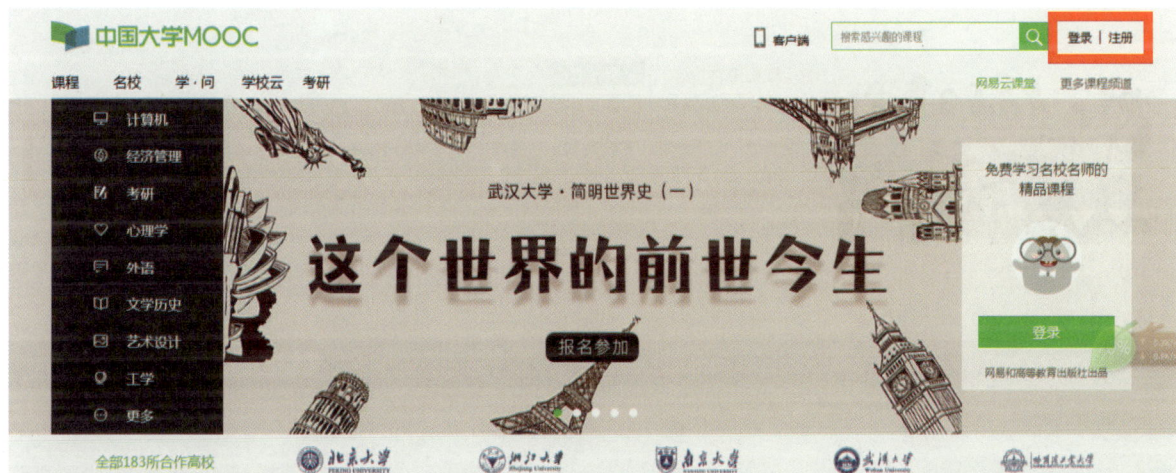

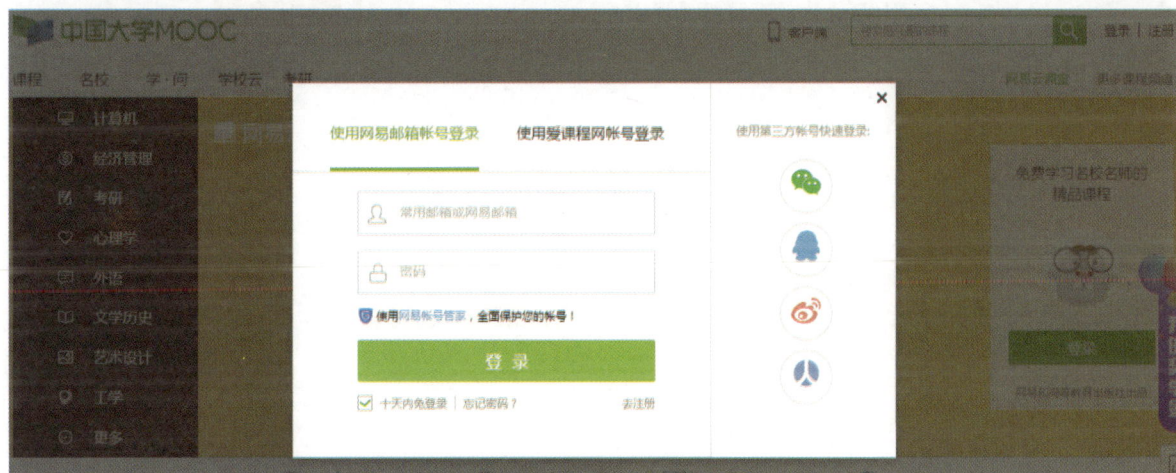

2. 登录成功后，搜索"幼儿教师形体训练"。

3. 点击中间内容，开始学习。

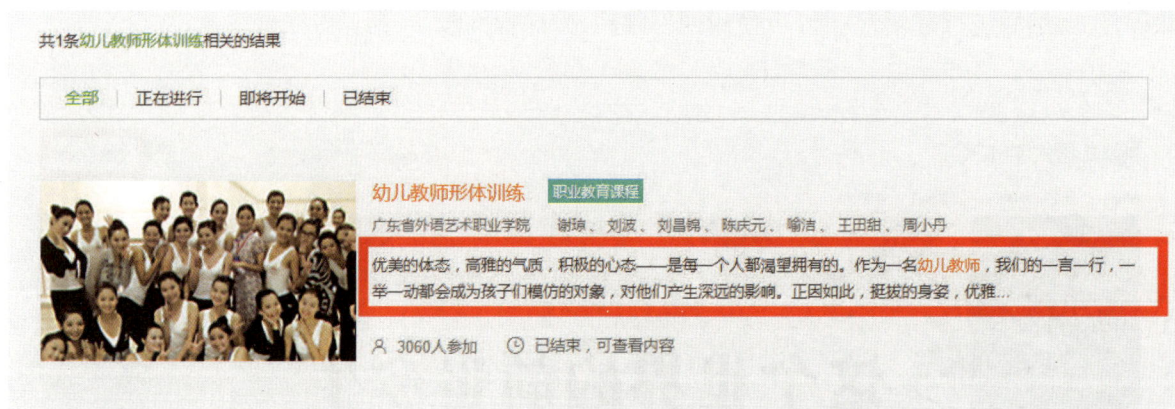

课程评分标准

一、单元测验（20%）

每次测验包括5道题，共10分。本课程一共有3个单元测验。

二、单元作业（20%）

创编一个时长为1分30秒—2分钟的地面/扶把/中间组合的场记，需要提供四张照片，并注明技能点、知识点。本课程一共有3个单元作业。

三、课程讨论（10%）

参与每讲问题讨论，要求内容健康，言之有物。

四、期末考试（50%）

1. 创编综合形体训练组合3—4分钟场记，并注明技能点、知识点及注意事项。

2. 请谈谈你学习《幼儿教师形体训练》课程的心得体会或谈谈对某个单元某个组合的体会。（字数在500至800字左右）

按百分制计分，等级设置为：60—84分为合格，85—100分为优秀。

附录4

参考答案

第一单元　地面训练

第一讲　基本坐姿组合

随堂测验：C　B　C　B

问题讨论（要点）：

问题1答：上身要与地面垂直,抬头挺胸收腹,眼睛平视前方。

问题2答：脚背和脚趾要用力往下压,双腿并拢伸直,找到一种延伸的感觉。

问题3答：后背要由尾椎骨至头顶往上拔,双肩要打开下压。

问题4答：在身体两侧,手臂伸直,指尖轻轻点地,找到手指延伸的感觉。

第二讲　勾绷脚组合

随堂测验：B　B　C　D

问题讨论（要点）：

问题1答：膝盖要伸直紧贴地面,勾脚时脚跟要离开地面。

问题2答：掌握双勾脚、双绷脚、单勾脚、单绷脚。

问题3答：脚趾尖用力朝地面方向绷起,使小腿至脚趾尖形成一条延长线。

第三讲　吸伸腿组合

随堂测验：B　C　D　A

问题讨论（要点）：

问题1答：在做单吸腿时,脚尖绷脚沿着主力腿内侧吸腿。

问题2答：平躺,眼睛要视上方,双手旁平位扶地,绷脚。

问题3答：由脚尖和脚背带动伸直膝盖,大腿位置保持不动。

问题4答：地面吸伸腿组合主要训练学生下肢和腹部的控制能力,腿部的伸展性和控制力,以及脚背在运动中的延伸感觉,增强学生腿部肌肉韧性。

第四讲 压腿组合

随堂测验:C A D B

问题讨论(要点):

问题1答:在做地面前压腿时,后背要保持直立。

问题2答:在做地面旁压腿时,肩要打开,同时膝盖要伸直,脚与膝盖要朝天花板。

问题3答:通过压前、旁、后腿的练习,训练腿部后侧肌肉的柔韧性,压腿组合可促进身体健康和体型完美,增强整个身体的柔韧度。

第五讲 大踢腿组合

随堂测验:A C B B

问题讨论(要点):

问题1答:地面大踢腿在踢前腿时,脚背绷直,由踝关节内侧带动腿迅速而有力地踢起,后背紧贴住地面。

问题2答:地面大踢腿在踢旁腿时,腿部髋关节要转开,膝盖、脚背、肩保持一条直线。

问题3答:地面大踢腿在踢后腿时,绷脚转开,小腿踢起找后脑勺,控制大腿慢慢下落。

问题4答:训练腿部的柔韧性,能够增强学生腿部爆发力和腰腹肌肉的控制力,掌握腿部肌肉的综合练习,包括控制力、速度、延伸感及髋关节的灵活性,为进一步学习其他舞蹈组合打下坚实的基础。

单元测试题

1.答:五个内容,分别是地面基本坐姿组合、地面勾绷脚组合、地面吸伸腿组合、地面压腿组合、地面大踢腿组合。

2.答:要注意上身要与地面垂直,抬头挺胸收腹,眼睛平视前方。

3.答:地面大踢腿组合的训练目的是训练腿部的柔韧性,能够增强学生腿部爆发力和腰腹肌肉的控制力,掌握腿部肌肉的综合练习,包括控制力、速度、延伸感及髋关节的灵活性,为进一步学习其他舞蹈组合打下坚实的基础。

4.要求:节奏清楚,易于幼儿教学。

第二单元 扶把训练

第一讲 脚的练习

随堂测验:A B D A D

问题讨论(要点):

问题1答:在做双脚半脚尖动作时,双脚前半脚掌踩地,后半脚掌向前推起,立到极限。注意膝盖方向准确,同时身体不要向前倾,保持身体重心。

问题2答:在做正步位单脚绷脚尖动作时,膝盖要对正前方,不要转开,同时主力腿要伸直,膝盖及髋关节向上提拉。

第二讲　蹲组合

随堂测验:A　A　B　B　A

问题讨论(要点):

问题1答:在练习蹲组合时,不管是一位脚还是二位脚,都要保持上身状态,保持膝盖外开,慢蹲。

问题2答:要有一个非常垂直的后背,特别是尾椎骨,一定要保持垂直,无论是蹲还是起来,身体的重心要平均在三个点上。

第三讲　擦地组合

随堂测验:A　B　D　C

问题讨论(要点):

问题1答:擦地组合是训练学生脚下的基本功和腿、胯的控制能力及稳定性,掌握擦地的动作要领,提高身体重心的稳定性和协调性。

问题2答:向旁擦地时,重心由双腿移到支撑腿上,动作腿的脚掌沿着地板往旁擦,边推地板边往远伸直,脚跟、脚心、脚掌逐渐离开地,推脚背成脚尖点地,脚跟往前顶。

问题3答:向前擦地时,脚尖和脚跟在一条垂直线上。

第四讲　小踢腿组合

随堂测验:B　B　C　C　A

问题讨论(要点):

问题1答:小踢腿组合是训练学生的腿部和后背肌肉的力量、速度及控制能力,同时训练脚腕的力量,为小跳做准备。

问题2答:在做小踢腿动作时,必须脚由脚尖带动,经过地面擦地后踢出。

问题3答:在做小踢腿组合时,不管是向前还是向旁、向后,后背都要保持直立。

第五讲　划圈组合

随堂测验:A　A　C　D　A

问题讨论(要点):

问题1答:划圈组合的训练目的是训练髋关节的开度和稳定性,使脚趾、脚弓、脚掌、脚背、脚腕的柔韧性得到锻炼,同时还能增强腰背肌的控制力以及动作腿和胯关节的灵活性。

问题2答:划圈组合中动作腿大多在1/4和1/2、4/4圆上进行运动。

问题3答:(1)在支撑腿保持垂直外开的条件下,动作腿尽量划大圈,但不要出胯;(2)双脚内侧要有收紧的感觉;(3)支撑腿要非常有力地踩住地板,不要随动作腿摆动;(4)双腿保持绝对的外开,要从脚跟开始,用力往前顶。

第六讲 控制组合

随堂测验:Ｂ　Ａ　Ｂ　Ｃ　Ａ

问题讨论(要点):

问题1答:通过学习扶把训练中的控制组合,训练动力腿的外开和控制能力,提高支撑腿的稳定性,保持造型的完美和挺拔,为大幅度的舞蹈技能和进一步学习其他舞蹈组合打下坚实的基础。

问题2答:在做控制组合时,向旁、向前控腿,主力腿要开胯、提胯,不要弯膝掀臀,出胯,肩要正。

问题3答:控制组合的音乐是 $\dfrac{3}{4}$ 拍。

第七讲 把杆大踢腿组合

随堂测验:Ａ　Ｂ　Ｃ　Ａ

问题讨论(要点):

问题1答:通过学习扶把训练中的大踢腿组合,训练腿部肌肉、韧带的张弛,锻炼脚经擦地迅速抛向空中的能力,训练腿部的柔韧性,增强学生腿部爆发力和腰腹肌肉的控制力,提高腹背肌和主力腿的控制能力。

问题2答:在把杆大踢腿组合时,向旁踢腿的主力腿注意不要撅臀,掀胯。

单元测试题

1. 备注:创编时要注意教学重点与难点,理解主体动作与训练目的。

(1)双腿半脚尖交换时注意身体不能随意摆动;

(2)后背要由尾椎骨至头顶往上拔,双肩要打开下压。

2. 答:拍子要平均分配,不能断断续续,半蹲时不能停顿,蹲和起始终要连贯,最后,腿始终要保持外开,膝盖对准脚尖,尾椎对着脚后跟。

3. 答:(1)向前向上抬腿时,脚跟向上端起,缓慢匀速向上,大腿内侧肌肉收紧。

(2)在做动作时,整条腿要转开,脚背、膝盖对左右两侧,并稳定地控制住。

(3)胯往上提,中段收紧,后背往上提。

(4)在做动作时,膝盖伸直,绷脚伸直,脚尖向远延伸。

(5)支撑腿站稳,膝盖伸直,保持造型的挺拔。

4.(1)在踢前腿时,脚背绷直,由踝关节内侧带动腿迅速而有力地踢起。

(2)在踢旁腿时,腿部髋关节要转开,膝盖、脚背、肩保持一条直线。

(3)在踢后腿时,绷脚转开,小腿踢起找后脑勺。

第三单元　中间训练

第一讲　手位组合

随堂测验：A　D　C　A　B

问题讨论（要点）：

问题1答：手位组合的训练能增强学生身体各关节肌肉韧带的弹性和灵活性，在学习的过程中提高学生对舞蹈的兴趣和积极性，加强动作的控制与协调性，做到"松而不懈"，为进一步学习其他舞蹈打下坚实的基础。

问题2答：（1）双山膀：手臂呈圆弧状，与肩同高，掌心对外。

（2）双托掌：手臂呈圆弧状，托于头顶上方，掌心向上。

（3）双按掌：手臂呈下弧状，按于胃前，与身体保持25 cm左右距离。

（4）顺风旗：双手经下弧线至左手山膀，右手托掌。

（5）山膀按掌：双手经下弧线，左手按掌，右手托掌。

第二讲　脚位组合

随堂测验：A　B　B　C

问题讨论（要点）：

问题1答：脚位组合对脚的位置有一定的要求，脚的位置准确与否，直接影响到动作的完成和舞姿，所以一定要熟练掌握每个要点，包括两脚之间的距离、角度、身体重心和方向，以及视线方向等，为进一步学习其他舞蹈组合打下坚实的基础。

问题2答：（1）正步：身对1点，两脚靠拢，脚尖对一点，重心在两脚上。

（2）小八字步：身对1点，两脚跟靠拢，左脚尖对8点，右脚尖对8点，重心在两脚上。

（3）丁字步：以右腿为例，身向2点，左脚跟对准右脚心窝处，左脚尖对准8点，右脚对准2点，重心在两脚上。

（4）弓箭步：在做右弓箭步时，注意重心在两脚上，迈出脚的大腿与地面平行，小腿垂直于地面，另一脚绷直，臀部向前顶。

第三讲　小跳组合

随堂测验：A　A　A　C

问题讨论（要点）：

问题1答：小跳组合的训练目的是训练膝盖的灵活性、双脚的快速绷脚推地及弹跳力，为跳跃动作做准备。

问题2答：（1）一位小跳：两脚打开形成一直线，原地推地绷脚，起跳后脚垂直于地面。

（2）小射燕跳：双起单落，空中形成舞姿时，膝盖夹紧，绷脚，落地要稳。

第四讲　综合表演

随堂测验：A　A　C　A　B

问题讨论（要点）：

问题1答：通过学习综合表演内容，了解综合表演是以古典声韵为基础的，其特色是表演中的手、眼、身、法、步等的紧密配合，讲究圆、柔、收、曲、伸、轻、重、缓、急等。

问题2答：黄色玫瑰花、红色玫瑰花。

单元测试题

1. 要求：节奏清楚，音乐流畅。

2. 要求：（1）不能少于2分钟，不能多于3分钟。

（2）基本动作五个。

3. 记录原创舞目的动作名称及教学重点、训练目的。

注：参考《幼儿教师形体训练》慕课中的课件教案。

图书在版编目(CIP)数据

幼儿教师形体训练/谢琼主编. —上海：复旦大学出版社，2018.3
ISBN 978-7-309-13501-5

Ⅰ. 幼…　Ⅱ. 谢…　Ⅲ. 形体-训练-幼儿师范学校-教材　Ⅳ. G831.3

中国版本图书馆 CIP 数据核字(2018)第 022226 号

幼儿教师形体训练
谢　琼　主编
责任编辑/高丽那

复旦大学出版社有限公司出版发行
上海市国权路 579 号　邮编：200433
网址：fupnet@ fudanpress. com　http://www.fudanpress. com
门市零售：86-21-65642857　　团体订购：86-21-65118853
外埠邮购：86-21-65109143　　出版部电话：86-21-65642845
上海丽佳制版印刷有限公司

开本 890×1240　1/16　印张 6.25　字数 140 千
2018 年 3 月第 1 版第 1 次印刷
印数 1—4 100

ISBN 978-7-309-13501-5/G · 1804
定价：30.00 元